平成維震軍

「覇」道に生きた男たち

［共著］
越中詩郎
小林邦昭
木村健悟
ザ・グレート・カブキ
青柳政司
齋藤彰俊
AKIRA

辰巳出版

〝維震魂〟の轍――まえがきに代えて

平成維震軍　越中詩郎

時が経つのは早い。21世紀が始まったと思ったら、もう20年も過ぎてしまった。

年号も「平成」が終わって、「令和」になった。俺が全日本プロレスでデビューしたのは、まだ「昭和」だった1979年のことである。昔と今ではプロレス界も大きく様変わりしてしまったが、それも時代の必然というやつなのだろう。

平成が始まった頃、バブル景気もあり世の中もプロレス界も熱気に満ち溢れていた。

新日本プロレスの〝平成・黄金期〟と呼ばれる90年代、俺は平成維震軍という軍団を率いていた。

越中詩郎
小林邦昭
木村健悟
ザ・グレート・カブキ
青柳政司
齋藤彰俊

後藤達俊
小原道由
ＡＫＩＲＡ

この9人の男たちが所属していた平成維震軍には、「プロレス界に激震を起こす」、「プロレス界を震撼させる」という意味が込められている。元々は小林さんと俺が空手の誠心会館と抗争を始めたことが発端だった。そこから反選手会同盟というユニットが生まれ、メンバーを増やしながら平成維震軍に名称を変えて、解散するまで約7年間も続いた。

誠心会館との抗争がスタートする前、新日本の中で俺は陽のあたるポジションにはいなかった。だが、俺はそんな現実を真正面から受け止め、前へ進むことを諦めなかった。

あがいてでも、もがいてでも、ここで生き残ってやる——。そうした思いをリングにぶつけた結果、平成維震軍はプロレス界に大きな渦を巻き起こすことができたと俺は自負している。

俺たちは90年代を全力で駆け抜け、現在に至るまで約28年間の歩みがある。今回、事情により後藤と小原に参加してもらえなかったのは残念だが、残りの7人のメンバーで初めて平成維震軍の回想録を記してみた。

この本は、いわば〝維震魂〟の轍である。当時は明かせなかった俺たちの本音を少しでも感じ取ってもらえたら幸いだ。

平成維震軍「覇」道に生きた男たち

平成維震軍の軌跡

本編に入る前に、平成維震軍の歩みと当時のマット界の状況を簡潔にまとめてみたので参照していただきたい。

１９８９年は長い昭和が終わり、平成という新しい時代が始まった年である。この改元に歩調を合わせるように世の中は大きく変化していくことになるが、その波はプロレス界にも押し寄せた。

前年には新日本プロレスを追放された前田日明が新生ＵＷＦを、平成元年にあたる89年には大仁田厚がＦＭＷを旗揚げ。さらに90年にはメガネスーパーが巨額の資本を投下した新団体ＳＷＳが始動し、ここから日本マット界は本格的に多団体時代に突入していく。

とはいえ、90年代に入っても新日本プロレスと全日本プロレスの2大メジャー団体がマット界の中心であったことには変わりなく、業界内で確固たる地位を確立していた。

ＳＷＳに看板レスラーの天龍源一郎らを引き抜かれた全日本プロレスは旗揚げ以来最大のピンチに陥ったものの、ジャイアント馬場の指揮の元、後に四天王と呼ばれるようになる三沢光晴、川田利明、田上明、小橋建太（当時・健太）が台頭し、一転して興行的にも活況を呈するようになる。

片や新日本プロレスは、この時期に内部の体制が大きく変わった。アントニオ猪木が参議院選挙出馬のために社長を辞任。代わって坂口征二が社長の座に就いて現役も引退し、興行担当取締役に就任した長州力がその片腕としてマッチメークなど現場を取り仕切るようになった。平成維震軍が活動していた90年代の新日本は、この坂口・長州体制によって動いていくことになる。

そして、それと同時にリング上の新陳代謝も進んだ。次代のスター候補生として白羽の矢を立てられたのは、84年入門の同期となる武藤敬司、蝶野正洋、橋本真也である。彼らは88年にプエルトリコで「闘魂三銃士」と呼ばれるユニットを結成し、同年7月29日の有明コロシアム大会に1試合限定で凱旋帰国して藤波辰巳（現・辰爾）&木村健悟&越中詩郎と対戦。世代交代の時期が迫りつつあることを大いにアピールした。

この三銃士が新日本の中心に躍り出たのは91年のことで、8月に開催された『サマーナイト・フィーバーIN名古屋&バイオレント・ストームIN国技館（通称：第1回G1クライマックス）』がその舞台となった。長州、藤波、当時のトップ外国人選手だったビッグバン・ベイダー、クラッシャー・バンバン・ビガロといった並みいる強豪を押さえて、決勝戦に進出したのは武藤と蝶野。試合後に優勝した蝶野、橋本、武藤の3人が並んで両手を掲げたシーンは、新時代の到来を鮮明に印象づけた。

この時期には三銃士の他にも佐々木健介や馳浩らが頭角を現し、ジュニアヘビー級では獣神サンダー・ライガーがトップの地位を確立。リング上は旧世代と三銃士世代による「世代闘争」がメインストリームとなりつつあった。

一方、その両世代の狭間で燻っていた男たちがいた。かつてはスポットライトを浴びたこともあるが、時代が進むにつれて次第に窓際へと追いやられていく――。そんな現状を打破しようと、彼らは一つの事件をきっかけにイレギュラーな渦を巻き起こし、それが新日本のリングで大きなムーブメントを起こしていくことになる。

後楽園ホール殴打事件

91年12月8日、後楽園ホールがその事件の舞台となった。

当時、新日本に参戦していた空手団体・誠心会館の青柳政司館長はこの日、門下生の松井啓悟を伴って会場に入った。ところが、その松井が控室のドアを閉めた瞬間、一人の選手が激昂した。小林邦昭である。

理由は「ドアの閉め方が悪い」というものだったが、松井が口答えしたため小林は殴りつけて制裁。この一件が後に平成維震軍へとつながる全ての発火点となる。

この殴打事件に不満を抱いた誠心会館の門下生たちは、3日後の12月11日に名古屋レインボーホール大会を訪れ、控室に押し入って抗議した。しかし、小林が取り合わなかったため実力行使に出る。12月16日、大阪府立体育会館大会の試合前に誠心会館勢が小林を襲撃。その上で誠心会館の東京初進出となる自主興行、12月23日の後楽園ホール大会への来場を要求した。

不意打ちを食らった小林は全治3週間の負傷を負ったが、同月20日に青柳、新日本の倍賞鉄夫取締役と共に記者会見を開き、「誠心会館には覚悟しておいてほしい。ゴーサインが出たら、いつでもどこでもやってやる」と抗争開始を宣言する。

だが、会見に同席していた青柳は当時、新日本の契約選手であり、門下生たちの肩を一方的に持つことはできない立場にあった。板挟み状態となった青柳は小林襲撃を指示したのが松井の同級生であり、すでにパイオニア戦志やW☆INGでプロレスの試合を経験していた齋藤彰俊であることを明かして、事態の収束に努めることを約束する。

12月23日、誠心会館自主興行の試合後に青柳は小林を襲撃した弟子たちと齋藤をリングに上げて制裁を加え、抗争を思いとどまるように説得した。しかし、それでも彼らは引き下がらず、青柳は苦渋の決断の末、抗争を許可する。

年が明けた92年1月4日、新日本プロレスの東京ドーム大会。第2試合終了後に齋藤は誠心会館門下生10名と共にリングに上がり、空手着姿で堂々と新日本への挑戦状を読み上げた。こうして新日本と誠心会館の抗争の火蓋は、正式に切って落とされる。

第1弾の舞台は、1月30日の大田区体育館大会。組まれたカードは抗争の火種を生んだ小林と誠心会館代表・齋藤による異種格闘技戦だった。全試合終了後に「番外編」として行われたこの試合は、齋藤のＴＫＯ勝利という予想外の結果に終わる。

続く第2弾は、2月8日の札幌中島体育センター大会で組まれた。本来は小林が出場するはずだったが、大田区体育館での一戦で負傷したために欠場となり、代打に抜擢されたのは若手の小原道由。しかし、齋藤は小原も返り討ちにし、対抗戦2連勝を飾ってみせる。

この連敗を受けて、新日本サイドからは選手会長の越中詩郎が抗争に乗り出すことになった。2月10日の名古屋レインボーホール大会で、越中は復帰した小林とタッグを結成。誠心会館の齋藤&田尻茂一と異種格闘技ルールのタッグマッチで対戦する。

この一戦では越中が田尻に勝利し、ようやく新日本が一矢報いる形となったが、試合後なおもいたぶられる愛弟子・田尻の姿を目にして、ついに館長の青柳が立ち上がる。これまで中立の立場を取っていたが、誠心会館サイドとして抗争に加わることになり、リング上は次なるステージに突入した。

「進退」と「看板」を懸けた抗争

2月12日の大阪府立臨海スポーツセンター大会では、越中 vs 齋藤の異種格闘技戦が行われ、ここでも勝利を飾ったのは齋藤だった。

後がない新日本は、再び小林と越中の選手会会長&副会長コンビが3月9日の京都府立体育館大会に出陣。青柳&齋藤との異種格闘技タッグマッチに臨んだ。この日は齋藤が途中で目を負傷してしまい、試合続行不可能な状況に陥ったが、青柳の要望によりセコンドに就いていた来原圭吾が急遽代打として参加。その来原を越中が返り討ちにし、新日本サイドの勝利に終わる。

そして、誠心会館の要求を受け、ついに最終決着戦が組まれた。4月30日の両国国技館大会=小林vs齋藤、5月1日の千葉ポートアリーナ大会=越中vs青柳というシングル2連戦である。この決着戦に際し、小林が「己の進退を懸ける」と発言すると、青柳も「誠心会館の看板を懸ける」と呼応。こうして完全決着の舞台は整った。

まず第1ラウンドの両国大会では流血戦の末に小林が勝利し、誠心会館の看板を奪うことに成功する。第2ラウンドの千葉大会でも越中が青柳を撃破し、抗争は最終的に新日本サイドの完勝に終わった。

この一連の抗争で、誠心会館勢を高く評価した男がいた。それが現場を預かる長州力である。長州は千葉大会の試合終了後にその健闘ぶりを称えて、齋藤に看板を返却。だが、それを良しとしなかった青柳は「勝って看板を取り戻す」と長州に突き返すように齋藤に指示し、改めて看板奪回のための舞台を新日本に要求した。

しかし、新日本サイドは「すでに抗争は決着した」として、土下座までして対戦を申し込んでくる青柳の願いを全て却下。そこで青柳は誠心会館の自主興行を6月9日に名古屋国際会議場で開催すると発表し、看板を奪った張本人である小林に参戦を呼びかけた。

これに応えた小林は、もう一人の当事者である越中を伴って誠心会館の自主興行に参戦。青柳と小林の一騎打ちは両者レフェリーストップの引き分けに終わったものの、小林は青柳の健闘を称えて看板を返却し、足かけ半年に及ぶ抗争は今度こそ終結したかに思われた。

越中と小林が選手会を脱退

しかし、事態は別の形で進展する。「会社に無断で誠心会館の興行に参戦した」として、小林と越中の行動が選手会で問題視されたのだ。

誠心会館の自主興行から2日後の6月11日に選手会が招集され、越中と小林はそれぞれ会長と副会長の職から解任される。これにより選手会は会長＝蝶野、副会長＝野上彰（現・ＡＫＩＲＡ）の新体制に移行した。さらに6月16日、会社側も越中と小林に対して無期限出場停止という処分を下す。

この一連の処分に対して納得のいかない越中と小林は6月20日の後楽園ホール大会に姿を現し、選手会からの脱退を表明。約1カ月後の7月17日に記者会見が開かれ、2人の無期限出場停止処分は解除されたものの、出席した越中は選手会に対して対決姿勢を取ることを宣言した。

こうして小林が作った火種は誠心会館との抗争から一転して、新日本内部の抗争に発展する。7月31日の札幌中島体育センター大会では早速、越中と新選手会長・蝶野が一騎打ちで激突。この日は小林vs馳浩のシングルマッチも組まれていたが、小林は大腸ガンが発覚したため欠場となった。

たった一人の反乱となってしまった越中の前に、思わぬ形で助っ人が現れる。それが木村健悟だった。木村はかねてより選手会と揉めだした越中と小林に対して同情的な立場を取っており、この日は敗れたにもかかわらず、なおも蝶野に食ってかかる越中の姿を見て仲裁に入った。

そして、8月6日の静岡産業会館大会で越中が橋本との一騎打ちに敗れ、試合後も暴行を受けているところに再び現れたが、今度は仲裁に入るのではなく、越中を救出する形で加勢する。

これで欠場中の小林も含めて3人となった反乱軍だったが、さらに勢力が拡大した。翌日、8月7日の愛知県体育館大会に誠心会館の青柳と齋藤が来場。青柳は木村&越中vs蝶野&飯塚孝之（現・高史）戦の前にリングに上がり、越中に対して花束を贈呈したが、それは誠心会館の自主興行に参戦してくれたことへの感謝を表すためだった。

しかし、この行動に対して蝶野たちが怒り、リングに上がるなり越中&木村と乱闘状態になる。この時、青柳と齋藤は越中に加勢し、試合後も乱闘が繰り広げられた。

バックステージに戻ると、青柳と齋藤はかつて抗争を展開した越中らとの共闘を表明。後にマスコミから「反選手会同盟」と呼ばれるようになるユニットがここに誕生した。

WARとの対抗戦がスタート

5人の侍となった反選手会同盟は、8月15日の神戸ワールド記念ホール大会から本格始動。この日、越中&木村&青柳のトリオで長州&藤波&木戸修を撃破すると、その余勢をかって試合後に天龍が新たに立ち上げたWARへの殴り込みを宣言する。

WARはSWS崩壊後、7月14日に後楽園ホールで旗揚げされたばかりの団体だったが、その大会で天龍は新日本の長州、猪木と対戦したいと発言し、越中がそれに対して噛みつく形となった。

9月15日に横浜アリーナで開催されたWAR初のビッグマッチに反選手会同盟は乗り込み、まず青柳が折原昌夫とのシングルマッチに勝利。続いて越中&木村もサムソン冬木（冬木弘道）&北原辰巳（現・光騎）に快勝し、敵地でも勢いを示した。

WARとの対抗戦第2ラウンド、10月21日の札幌中島体育センター大会ではついに大将の天龍が登場し、ここでも越中&木村&青柳のトリオが天龍&北原&折原を撃破する。

さらに10月23日、後楽園ホールに舞台を移しての第3ラウンドは、テレビ朝日『ワールドプロレスリング』のカメラクルーが初めて他団体の会場で試合を収録することになったが、メインの6人タッグで越中が天龍に敗れてしまう。

しかし、これで終わる反選手会同盟ではなかった。11月17日にはWARのリングで天龍と敵対関係にあったザ・グレート・カブキが福井県鯖江市の宿舎で記者会見を開き、反選手会同盟入りを発表する。

戦力を増強した反選手会同盟は新日本の興行でも走り続け、ついに12月14日、大阪府立体育会館大会のメインイベントとして越中vs天龍のシングルマッチが組まれた。

本隊から外れた越中が他団体の天龍を相手に新日本の年内最終戦のメインを飾ったという事実こそ、92年の主役が反選手会同盟であったことを物語っている。小林が火をつけてから約1年、旧世代と新世代の狭間で燻っていた男たちは自らの力でこのポジションを手に入れたのだ。

「反選手会同盟」から「平成維震軍」に改称

93年に入っても、反選手会同盟の快進撃は続いた。2月6日の千歳市スポーツセンター大会で、欠場していた小林がようやく戦列に復帰。フルメンバーが揃い、ついに自主興行を開催するまでに至る。

6月25日に後楽園ホールで開催された『侍魂～サムライ・スピリット』が自主興行の第1弾となり、WAR&レイジング・スタッフ連合軍との対抗戦が行われたが、三銃士をはじめとする当時の新日本の主力勢が出場しない興行を超満員札止めにした事実は当時の反選手会同盟の勢いが本物だったことを証明している。

『第3回G1クライマックス』の最終日にあたる8月8日の両国国技館大会では若手の小原が本隊を裏切り、反選手会同盟に加入した。若い力を得た反選手会同盟は9月19日に大宮スケートセンターで自主興行第2弾『侍魂2nd』を開催し、ここでも超満員を記録してみせる。さらに10月1日に開催されたWARの札幌中島体育センター大会でレイジング・スタッフを離脱した後藤達俊も反選手会同盟入りを果たした。

こうして7人の侍となった反選手会同盟は、11月13日より千葉県の養老渓谷にて強化合宿を行い、最終日の16日にユニット名を「平成維震軍」に改称すると発表。心機一転、メンバーも増えて彼らの勢いはますます加速するかに思われたが、ここで最初の離脱者が出てしまう。

94年1月4日の東京ドーム大会を最後に、青柳が契約満了で新日本を退団。青柳はその後、新格闘プロレスを旗揚げし、維震軍とは別の道を歩んでいく。

それでも平成維震軍は走り続けた。新日本とWAR双方のシリーズに参戦し、この年の11月13日にはついに旗揚げ興行を開催する。会場は東京ベイNKホール。メインイベントでは越中がタイガー・ジェット・シンと円形リングで試合をするなど反選手会同盟自主興行よりも独自のカラーを打ち出し、「独立団体」としての一歩を踏み出した。

95年1月からは平成維震軍としての単独シリーズも開催し、新日本本隊とは別のラインでストーリーが展開されていく。

この維震軍自主シリーズの主軸となったのは、長州率いる昭和維新軍との抗争だった。5月17日の大田区体育館大会では長州、マサ斎藤、アニマル浜口、谷津嘉章、寺西勇との5vs5シングル綱引きマッチも実現。勝利した平成維震軍が昭和維新軍の旗を燃やすという一幕もあった。

だが、7月に開催されたシリーズ『侍バサラ・三国志』の最終戦をもって、カブキが新日本との契約満了により平成維震軍を離脱。自主シリーズも会社側が予想していた以上の成果をあげられなかったからか、10月10日の後楽園ホール大会をもって終了となった。

1999年2月22日、解散

この95年の秋から新日本のリングは高田延彦率いるUWFインターナショナルとの対抗戦が中心となり、平成維震軍は次第に影が薄くなり始める。

そんな中、年末から小林が本隊で燻っていた野上と抗争を開始。96年2月3日に札幌中島体育センター大会で敗者髪切りマッチを行うまでにエスカレートし、この試合に勝利した野上は小林の男気に打たれ、維震軍入りを決める。

野上を加えた維震軍の新たな標的になったのは、Uインターだった。大将の越中は3月1日、Uインターの日本武道館大会に乗り込み、至宝・IWGPヘビー級王座の奪回を懸けて、かつてのライバル高田に挑戦。さらに3月23日、Uインターの宮城県スポーツセンター大会には他のメンバーも乗り込んだ。

また、この時期から本隊にいた藤波が助っ人として越中と共闘体勢を取るようになる。3月26日に東京体育館で行われた団体対抗ワンナイトタッグトーナメントでは藤波と越中のコンビが優勝を飾った。

しかし、同年10月22日の熊本市体育館大会で越中が右ふくらはぎ筋断裂の重傷を負って長期欠場に追い込まれ、この辺りから平成維震軍に暗雲が漂い始める。

リーダーの越中が不在の中、藤波はかつてのパートナーである木村とコンビを結成し、97年1月4日の東京ドーム大会でIWGPタッグ王座に返り咲いたが、この戴冠劇は維震軍内部に亀裂を生じさせる原因となった。

チャンピオンとなった木村は藤波とのコンビを優先するようになり、次第に維震軍と距離を置き始める。そして、3月20日の愛知県体育館大会では復帰していた越中と後藤の維震軍コンビを迎え撃ち、IWGPタッグ王座を防衛。この試合後、ついに木村は平成維震軍との決別を宣言する。

5月3日の大阪ドーム大会では、越中と木村が「維震軍決着戦」と題されたシングルマッチで激突。この試合で越中が勝利したものの、木村が維震軍に戻ってくることはなかった。

さらに最悪のアクシデントが維震軍を襲う。6月22日の後楽園ホール大会で、越中がまたも左アキレス腱断裂の重傷を負ってしまったのだ。これにより、越中は再び長期欠場に入る。

この事態に、野上は木村と藤波に土下座して維震軍への加勢を要請。しかし、この行為に今度は後藤と小原が反発した。その後、木村が維震軍に戻り、藤波も助っ人として加わったものの、後藤＆小原との内紛が勃発してしまう。

2人は新日本のリング上を席巻していた蝶野率いるnWoジャパン入りを目指し、一時的に共闘体勢を取るも、最終的に蝶野たちは拒否。背中に黒いスプレーで「犬」と書かれる屈辱的な目に遭ってしまった。

年が明けて98年1月4日の東京ドーム大会で越中が復帰すると、後藤と小原も平成維震軍に再合流。しかし、今度は野上が目の負傷を理由に長期欠場に入り、代わって6月から天龍が助っ人メンバーとして維震軍に加わることになった。

WARはすでに定期的な興行活動を停止しており、天龍はフリーの立場で新日本に参戦。越中とのコンビは「天越同盟」と呼ばれ、7月15日の札幌中島体育センター大会ではIWGPタッグ王座を獲得したが、これが維震軍にとって最後の栄光となった。

同年8月8日の大阪ドーム大会では、かつてのメンバーであるカブキの引退記念試合が行われ、対戦相手には維震軍の同志であった後藤と小原が選ばれる。

また、10月18日の神戸ワールド記念ホール大会では齋藤がドン・フライと一騎打ちを行い、久々にその格闘センスを見せつけた。

しかし、リング上の話題はｎＷｏジャパン、さらに引退した猪木が送り込んでくる小川直也などに奪われてしまい、本隊の対抗勢力としての存在感はますます失われつつあった。

年明けの99年1月27日には、齋藤が新日本退団を発表する。

そして2月22日、東京都世田谷区の焼肉店『漢城苑』において越中、木村、後藤、小原の4人が揃って記者会見を行い、平成維震軍の解散を発表した。維震軍結成のきっかけとなった小林はこの時、またもガンのために療養中であった。

その小林が発火点を作ったのが91年12月8日。そこから約7年間、走り続けた男たちの物語は、ここで一旦幕が降ろされている。

しかし、平成維震軍は２００６年のＷＡＲ最終興行で復活を果たし、２０１０年代に入ってからも『プロレスリング・マスターズ』などのリングを中心に暴れまわって、平成という時代を最後まで駆け抜けた。

元号が令和に変わっても、「覇」の旗の元に集った男たちの〝維震魂〟は未だ健在である。

覇
平成維震軍

第1章

小林邦昭

小林邦昭

Kuniaki Kobayashi

1956年1月11日生まれ、長野県小諸市出身。身長183cm、体重105kg。1972年に新日本プロレスに入門。1973年2月1日に西条市体育館での栗栖正伸戦でデビューを果たす。1980年にメキシコ遠征に出発。さらに1982年からはアメリカのロサンゼルス地区に渡り活躍した。同年10月に凱旋帰国すると、初代タイガーマスクと抗争して大ブレイク。“虎ハンター”と呼ばれ、初代タイガーのライバルとして新日本の黄金時代の立役者となった。1984年9月には長州力らと共にジャパンプロレスに移籍し、全日本プロレスに参戦。1987年に新日本にUターンし、しばらくはジュニアヘビー級戦線で戦っていたが、後にヘビー級に転向した。1992年からは誠心会館との抗争に乗り出し、同年8月に越中詩郎らと共に反選手会同盟を結成。ガンによる欠場期間もあったが、その後も平成維震軍の主力の一人として活躍した。2000年4月に引退し、現在は新日本の道場や合宿所の管理人として選手たちを裏から支えている。

約7年にわたり活動した平成維震軍の歴史を遡ると、1992年1月に始まった新日本プロレスと青柳政司館長率いる誠心会館の抗争に行き着く。

もう28年以上も前の出来事にも関わらず、未だにファンの人からは「あの時は本当に興奮しました」と声をかけられるし、俺が起こしたアクションは世代交代が進んでいた新日本のリング上に一石を投じたという意味でも大きな意義があったと思う。

その流れから反選手会同盟という軍団が生まれ、平成維震軍に名前を変えてからは独立興行を開催するまでに至った。

それら全ての起点となったのは91年12月8日、後楽園ホールのバックステージで起きた揉め事である。正直に言うと、あの些細な諍いがここまで大きな流れに発展するとは俺自身、予想していなかった。

では、当事者として、まずはあの日の一部始終を振り返ってみたい。

「そのくらいにしないと死んじゃうよ」

後楽園ホールの控室は、いつもと変わらぬ風景だった。俺も含めて各選手たちは自分なりの方法でウォーミングアップをしながら、試合に向けて集中力を高めていた。

当時、フリーの立場で新日本にレギュラー参戦していた青柳館長はこの日、松井啓悟という門下生を連れてきた。当然、彼とは初対面だったし、その時点では名前すら知らなかった。

その松井は付き人のような形で控室まで館長の荷物を運びに来ただけだったが、用事を済ませると、控室のドアを開けっ放しにしたまま出ていった。

「おい、お前！　ドアくらい閉めていけ！」

俺は思わず注意した。部屋から出ていく時は、ドアを閉める。こんなことは常識中の常識だ。しかも、松井は俺たち新日本のレスラーから見れば、部外者である。礼儀がなっていないと思ったし、それ以外に他意はなかった。

俺の記憶では、この時に松井が何やら口応えをしたように思う。その瞬間、俺は頭に血がのぼり、気付いたら相手の顔面に張り手を叩き込んでいた。一部では俺の言葉を聞き取れず、松井が「何でしょうか？」と聞き返したという説もあるようだが、いずれにしても彼の態度にカチンと来たことだけは間違いない。

松井がもんどり打って倒れると、俺はさらに上からぶん殴り続けた。その光景を見ていた人によれば、まだ若手だった小原道由やケロちゃん（田中秀和リングアナウンサー）らが駆け寄ってきて、俺を松井から引き離したらしい。そして、その中の誰かが発した「そのくらいにしないと死んじゃうよ」という言葉を耳にして、俺はやっと冷静さを取り戻したという。

当日、俺は館長、獣神サンダー・ライガーと組んで、メキシコ人（ネグロ・カサス&エル・カタナ&ブラック・キャット）との6人タッグに出場している。館長はその試合の前後に弟子の非礼を詫びてきたように思うが、館長自身の記憶はまた違うようだ。後日、松井が口の中を13針縫ったと聞いた時は、さすがに自分でも大人げないことをしてしまったと思った。

この件をきっかけに、俺と誠心会館勢のイザコザが始まる。それに伴い、いろいろと〝事件〟も起きたが、俺が印象に残っているのは、それから3日後、12月11日の名古屋レインボーホール大会に松井をはじめ誠心会館の門下生たちが抗議に来た時のことだ。

彼らは「小林を出せ！」などと騒いでいたが、なんと松井は俺だけではなく、星野勘太郎さんにも殴られたと言い出した。俺は普段は温厚な性格だが、星野さんは気が短いから、あのドサクサにまぎれてパンチを1～2発食らわせていてもおかしくない。

それはともかく、このイザコザは年が明けた92年1月4日、東京ドーム大会で齋藤彰俊が誠心会館の門下生たちと共にリングに上がり、俺に対する対戦要望書を読み上げたことで本格化する。ここまでのイザコザは全てリング外で行われていたことで、プロレス専門誌でもそれほど大きく扱われたわけではなかったから、この時に初めて我々の〝遺恨〟を知ったファンも多かったのではないだろうか。

今も昔もプロレスファンは、異物に対して拒否反応を示すところがある。あの日の誠心会館勢に対する大ブーイングは、まさにその典型的な例だろう。

リングに上がった彰俊たちに罵声を浴びせる新日本ファンの姿を見て、俺は内心、「いい方向に転がってきているな」と感じていた。正直なところ、この時期の俺は会社側が組んだカードに対してモチベーションを見出せず、刺激に飢えていた。しかし今、久々に燃える材料が目の前にある。

1月30日、大田区体育館で俺は彰俊と異種格闘技戦を行うことになった。ルールは3分1Rの無制限ラウンド。試合順はメインイベント終了後で、あくまでも新日本側は「正式な試合」として認めないスタンスを取っていた。

これには彰俊に対する「テストマッチ」的な意味合いもあったのかもしれない。それまで彰俊はインディー団体でプロレスの試合をしていたようだが、実際はアマチュアの空手家に近く、当時の新日本の感覚だと「一人前のプロレスラー」としては到底認められない。要は試合をさせてみてダメだったら、すぐにクビを切るつもりだったのだろう。

この時、ケロちゃんは「番外的な試合ですけど、入場曲は流しましょう」と提案してきた。しかし、俺は「そんなものは流さなくていい」と伝えた。なぜなら音楽が流れた途端、通常のプロレスの試合と同じ雰囲気になってしまうからだ。これはあくまでも俺と誠心会館の〝私闘〟。このスタンスを俺は最後までリング上で崩さなかったが、それがあれだけの熱狂を生んだ要因の一つだと思っている。

場内が異様な空気に包まれる中、俺は花道を進んだ。リングに上がり、対角線上に立つ彰俊の表情を見ると、相当なプレッシャーを抱えているのが手に取るように分かった。

それも当然だろう。ここは新日本プロレスのリングだ。誠心会館側を応援しているファンは

皆無に近く、観客の誰もが彰俊がボコボコに叩きのめされる姿を待ち望んでいる。しかも、今と違ってプロレスファンの気質が荒かった時代だし、新日本は過去に何度か暴動騒ぎも起こしていたから、そういう意味での緊張もあったのではないだろうか。

この日、俺は入場曲のみならず、いつものファイトスタイルも捨てている。彰俊の襟首を掴んで普段は使わない頭突きを叩き込み、馬乗り状態でのヒジ打ちも繰り出した。記憶では通常のプロレス技はほとんど出していないし、プロレス的な攻防もなかったはずだ。

結果は7分10秒、俺のTKO負け。10分もやっていないのに最初から最後まで動きっぱなしだったから体力の消耗が激しかったが、俺はこの時に新日本のリングで行われてきた異種格闘技戦の中でも屈指の試合ができたと自負している。

こんなことを言うは大変おこがましいのだが、アントニオ猪木さんが行った異種格闘技戦の中でも本当に殺伐とした試合だったのはモハメド・アリ戦とウィリー・ウィリアムス戦くらいだったように思う。彰俊とは、そうした試合と比べられても、全く見劣りしない異種格闘技戦ができた。ファンの声を聞いても、この初戦と俺がチキンウイング・アームロックで彰俊にリベンジした4月30日の両国国技館の試合が特に記憶に残っているようだ。

俺自身はといえば、彰俊との試合自体も忘れられない思い出だが、この直後にかつてライバルだった初代タイガーマスクこと佐山サトルと再会する機会があった。当時、修斗（シューティング）という格闘技を立ち上げてプロレス界とは一線を引いていた佐山に「小林さん、凄い試合をしたみたいですねえ。俺の周りでも話題になってますよ」と言われたことが今でも強く印象に残っている。

「どういう形で幕を閉じたらいいのか…」

ご存じの方も多いと思うが、俺がプロレスラーとして浮上したのは80年代前半に金曜夜8時の『ワールドプロレスリング』で初代タイガーマスクとの抗争が放映されたことがきっかけである。子供たちのアイドルとして人気絶頂だったタイガーに襲いかかり、あの黄金のマスクを剥いだシーンは相当なインパクトがあったようで、たちまち俺の顔と名前は〝虎ハンター〟という異名と共に日本全国に知れ渡った。

だが、83年8月に佐山はマスクを脱いで、電撃的にプロレス界を引退してしまう。この事件は俺にとっても影響は大きく、突然ライバルがいなくなったため、それからは自分の進路に悩みながら組まれたカードを淡々とこなす日々が続いた。

その後、84年9月に俺は長州力、谷津嘉章、アニマル浜口さん、寺西勇さんら維新軍の仲間と共にジャパンプロレスに籍を移し、ここにマサ斎藤さんやキラー・カーンが合流して一大勢力となった。この時期には提携先である全日本プロレスのリングで2代目タイガーマスク（三沢光晴）と抗争し、NWAインターナショナル・ジュニアヘビー級王座や世界ジュニアヘビー級王座も獲得している。

そしてジャパンプロレス分裂後、87年に新日本マットに復帰してからは高田伸彦を破ってIWGPジュニアヘビー級王座も戴冠した。

こうして対戦相手やタイトル歴を羅列すると、ジュニアヘビー級のトップレスラーとして順風満帆だったように映るかもしれない。だが、俺自身は誰と試合をしても初代タイガーと抗争していた時のような充実感を得ることができなかった。

89年4月24日。新日本が東京ドームに初進出した日、獣神サンダー・ライガーがデビューした。その相手を務めたのが俺である。この試合で俺は敗れ、一方のライガーはここから最終的に〝平成・新日本ジュニアの象徴〟と呼ばれるポジションまで駆け上がっていった。今になって振り返ると、昭和が終わり、平成という新しい時代が始まったことを示す象徴的な一戦だったかもしれない。

ちなみに、この1カ月前には俺と同じくジャパン勢として新日本に合流した馳浩が越中詩郎を破って、IWGPジュニアヘビー級王者になっている。それを機にジュニアで一時代を築いた越中はヘビー級に転向したが、いずれにしても新日本のリング上が転換期を迎えていたことは否定しようがない。

俺自身もジュニアに見切りをつけてヘビー級に転向したが、特にテーマのないカードをこなす日々が続き、いつの間にか「中堅レスラー」として燻っていた。

そんな状況の中、俺は誠心会館との抗争というテーマが生まれたことで、久々にやり甲斐を感じていた。

彰俊と最初に対戦した大田区大会の試合後、現場監督の長州はマスコミに対して「今日は小林の負け。齋藤は凄いよな」とコメントを出したという。その一方で、俺には「サンペイちゃん、よくやったな」と労いの声をかけてきた。きっと場内の熱狂ぶりを目にし、現場を束ねる立場として「これは〝売り〟になる」と直感したのかもしれない。

この後、俺と誠心会館の抗争に越中が加わってくる。実はどういう経緯で越中がこの流れに入ってきたのか、俺は知らない。おそらく長州は俺と誠心会館の抗争を「本筋の流れとは別物」という感覚で捉えていたと思うが、確かにシングルマッチだけだとマッチメーク的に限界が出てくるので、越中を投入したのだろう。いずれにしても、当時の越中も俺と似たような境遇に置かれていたから、心に期すものがあったはずだ。

ただ、俺と越中では誠心会館勢との向かい合い方が違っていた。俺は猪木さんと同じような、いや、それを超えるような殺伐した空気を試合に持ち込んだつもりだが、越中は異種格闘技ルールの試合でも得意技のヒップアタックを繰り出していた。越中にしてみれば、「プロレスラーとして、空手家が相手でもプロレスの技で対抗する」ということに重きを置いていたのだろうか。だが、俺は「ここまで積み上げてきた緊張感が薄れてしまうのでは…」と冷や冷やしながら、その光景を眺めていた。今になって思えば、そこは新日本育ちと全日本育ちの違いなのかもしれない。

当初は距離を置いていた館長も誠心会館サイドとして加わるなど抗争は盛り上がる一方だったが、同時に俺の中では「どういう形で、この流れの幕を閉じたらいいのか…」という怖さも芽生えていた。俺たちが注目を浴びることを面白く思っていない人間から、その点を突っつかれたこともある。

実際に新日本内部では、この誠心会館との抗争は賛否両論だったらしい。だが、80年代にUWF勢と異種格闘技戦に近い試合を経験していた俺や越中だからこそ、この抗争を成立させることができたと思っている。だから、このまま抗争が拡大して、俺と越中の「個人闘争」から「軍団抗争」になるような展開は望んでいなかった。

結果的に、そうならずに済んだわけだが、控室でのイザコザから始まった誠心会館との抗争が一応の決着を見ると、今度は選手会とのゴタゴタが俺たちを待ち受けていた。

選手会脱退直後のガン発覚

それまで新日本プロレスの選手会では越中が会長、俺が副会長を務めていた。

しかし、緊急会議で俺たちは解任処分を受けてしまう。理由は「選手会に無断で誠心会館の自主興行に出た」というもので、新たに会長には蝶野正洋、副会長には野上彰が就任した。

前述の通り、俺たちの抗争がファンの注目を集めたことに対して選手内からのやっかみは確かにあった。後で聞いたところによると、この時に蝶野はマスコミに対して、「会社の上層部と小林、越中がつながっていて、選手会の知らないところで勝手に物事を動かしているのではないか。小林、越中が誠心会館の興行に出たことが解任の理由ではなく、その部分に対して不信感がある」という意味合いのことを口にしたようだ。いかにも蝶野らしいコメントである。

本人たちに直接聞いたことがないので分からないが、若い世代の選手から見た場合、昔から長州と行動を共にしてきた俺は「体制側に近い人間」に映っていたのかもしれない。「本筋の流れとは別物」とはいえ、そんな俺と越中にスポットライトが当たったことも面白くなかったのだろう。当時、テレビ朝日系列の深夜に放送されていた『こだわりTV PRE★STAGE』という番組で新日本プロレス特集が組まれた時も、俺たちの話題が大きく扱われた。昔の新日本のレスラーは自我の強い人間が揃っていたので、なおさらそういった感情が芽生えてもおかしくはないし、大所帯だったから時には足の引っ張り合いのようなことも起きる。

そもそもこの新日本の選手会は、俺の発案によるものだ。プロ野球をはじめとするスポーツ界で「労働組合=選手会」が次々と誕生したのを受けて、俺は新日本プロレスにもなければおかしいと思い、当時、副社長だった坂口征二さんに頼んで同じような組織を作ってもらった。俺がメキシコ修行に出る前だったから、70年代中盤の話である。当初は選手会長を置かなかったが、俺が経理的な立場で選手たちから会費を徴収し、そのお金を積み立てていた。

それから約20年後にその選手会を抜けることになったわけだが、俺はせっかく生まれたこの流れを尻つぼみで終わらせるつもりはなかった。「無断で誠心会館の興行に出た」として会社から無期限出場停止処分が下された時、俺と越中は後楽園ホール大会に足を運んでいる。そして、リング上から「俺たちは間違っていない。一日も早くみなさんの前でファイトしたい」と宣言すると、場内は温かい拍手に包まれた。

ファンは間違いなく俺たちを支持している——。そう思えた瞬間だった。

本来ならば、誠心会館との抗争が終わった段階で、俺と越中は再び元のポジションに戻ることになってもおかしくはなかった。それが嫌ならば、「ネクスト」を自分で考えるしかない。ただ、その場合はある意味で他の選手たちを置き去りにして動くことにもなるから、反感を買う場合もある。しかし、俺たちの中で一歩退くという選択肢はなかった。選手会脱退というマイナス材料をリング上でプラスに変えるには、彼らの〝敵対勢力〟になるしかない。

結局、7月17日に新日本は会見を開き、俺と越中の無期限出場停止処分を解除すると発表した。この日は社長の坂口さんをはじめ長州や藤波辰爾さんら首脳陣も出席したが、俺は体調を崩したため欠席している。

この時、会社側は選手会のゴタゴタを受けて、7月31日の札幌中島体育センターで越中と蝶野、俺と馳のシングルマッチを組んだ。

しかし、俺はこの大会も体調不良で欠場した。大腸に大きな腫瘍が見つかったため入院していたのだ。

当時は公表しなかったが、要は大腸ガンである。今でこそ著名人が大病を告白することも珍しくはないが、あの時代は隠すことが多く、俺もそれに倣った格好だ。

きっかけは長州と2人で行った人間ドックだった。実はその1年くらい前から血便が出ていたのだが、痛くも痒くもなかったため特に気に留めていなかった。

しかし、念のために人間ドックで内視鏡検査を行ったところ、大腸に大きな影が見つかった。診察した医師には「すぐに治りますよ」と言われたが、俺は直感的に「これは長引くかもしれない」と思った。

リング上が大事な時期だったことに加え、まだ子供が2歳だったこともあり、俺は自分が置かれた状況に愕然としたが、とにかく治す以外に道はない。7月に開腹手術を行った後、入院生活自体は1カ月で終わったが、ここから長い療養生活が始まった。

当然、その間にリング上の流れは進んでいく。戦線を離脱した俺と入れ替わるように、越中のパートナーに収まったのは木村健悟さんだった。

今だから明かすが、木村さんには俺のほうから早い段階で「一緒にやらない？」と話を持ちかけていた。木村さんも藤波さんと組んでIWGPタッグ王座を巻いていた80年代後半を最後にリング上で目立った活躍を残せずにいたが、俺は沈んでいる選手を見ると引き上げたくなる性分で、木村さんと話をすると「チャンスがあれば、モノにしよう」という気概をまだ強く持っているのが伝わってきた。

そこに館長と彰俊も加わり、反選手会同盟が8月から本格的に始動する。これはプロレスラーの性なのだろうが、生命に関わるような病気を患っていても、やはりリング上のことが気になって仕方がない。この時期、俺の中には焦りしかなく、手術が終わって2~3日後には病院内で練習を開始していた。

まずは風呂場の手すりを利用したチューブトレーニング。さらに足は通常のヒンズースクワットだと腹部に負担がかかってしまうため、壁を使って〝空気椅子〟の体勢をキープする運動を続けた。

俺がそんなリハビリに励んでいる中、リング上では反選手会同盟とWARの抗争が盛り上がっていた。その光景を見て俺は取り残された気分になり、流れの発端を作った身にも関わらず何もできない自分に歯がゆさを感じたが、まずはガンを克服することが先決である。

俺が不在の中、11月にはWARに所属していたザ・グレート・カブキさんが反選手会同盟に加わった。

遡ること82年の夏、メキシコ修行に出ていた俺はビザの書き換えのため、キッド・コビーのリングネームでアメリカのロサンゼルス地区に3カ月ほど転戦していたのだが、実はここでカブキさんと知り合っている。その時期、全米で一大センセーションを巻き起こしていたカブキさんの本拠地はダラス地区だったが、自宅はロスにあり、たまたま戻ってきた時に会場に顔を出したようだ。

振り返ると、大ベテランのカブキさんが反選手会同盟に加入してくれたことは大きかった。百戦錬磨の試合巧者であるカブキさんがいることでリング上が引き締まるし、普段もあの人が〝軸〟になってくれたおかげで内部の統制が取れていた部分がある。もしカブキさんがいなかったら、反選手会同盟は早い段階でタガが外れた桶のようにバラバラになっていたかもしれない。

この時、俺の立場は「反体制」なので、選手会の人間と鉢合わせになるのを避けるため退院してからも等々力の道場には行かず、自宅近所のスポーツジムに足繁く通った。そうしたリハビリに励んだ甲斐もあり、欠場から約半年後、93年2月6日の千歳市スポーツセンター大会で復帰した時にはファンに大病を患っていたと気づかれないような体型を作り上げることができたと思っている。この日は越中、カブキさん、彰俊と組んで長州&馳&木戸修&飯塚孝之と対峙したが、ブランクを感じさせないような動きができていたはずだし、試合勘もすぐに戻った。

病み上がりとはいえ、この時期の反選手会同盟は新日本とWAR両方のシリーズに参戦していたので、リハビリ気分で毎日を過ごす余裕などない。WARで特に俺がやり甲斐を感じた相手は、北原辰巳だった。彼は基礎がしっかりしている上、ケンカファイトも辞さない気の強さが持ち味だった。北原はプロレスラーになる前に、佐山が立ち上げたシューティングでインストラクターをしていたそうで、そこにも何か因縁めいたものを感じた。

俺と北原の試合は評判となり、何度もシングルマッチが組まれた。俺の顔面蹴りが決まり手の荒っぽい結末になったこともある。この時期は彰俊にしろ、北原にしろ、俺は年下の好敵手に恵まれた。

上の選手が下の選手の〝壁〟になることは多いが、こういう形で俺のようなベテランが若い人間と〝抗争〟するのはプロレス界で珍しい例かもしれない。俺自身は試合をすることで彼らを光らせることができたと思っているが、本人たちはどう受け止めているのだろうか。

ショックだった青柳館長の離脱

反選手会同盟は俺が復帰した93年に、軍団名を『平成維震軍』に改名した。

このネーミングは大前研一（経営コンサルタント）が「平成維新の会」を結成したというニュースをテレビで観た時に「これだ！」と思い、越中たちに伝えたのがそもそものきっかけである。俺は昭和の時代に長州率いる維新軍に所属していたこともあり、〝平成維新〟というフレーズを聞いて心に響くものがあったのだ。

この平成維震軍に改名した時点で小原と後藤達俊も加入しており、所属メンバーは全8名にまで膨れ上がっていた。

当時、俺は大会が終わると館長や小原と食事をすることが多く、逆に彰俊とは食事をした記憶が全くない。越中はわりとリング外では一人での行動を好んだし、木村さんや後藤も同じような感じだった。

だが、時折、全員で夜の街に繰り出す日もあった。札幌では焼き肉の食べ放題でさんざん食い散らかし、翌日また同じ店に足を運んだから、店員に「もう勘弁してください」と言われて入店を断られたという思い出もある。

俺は同い年でひょうきん者の館長とは特にウマが合い、今でもよく連絡を取り合う仲だ。その館長が94年1月に契約満了で新日本のリングを去った時は、プライベートで行動を共にすることが多かっただけに俺個人としてはショックが大きかった。しかも、この退団から2カ月後に館長は『新格闘プロレス』という団体を旗揚げしたから、「一人でやっていけるのか?」、「無謀な挑戦じゃないのか?」と本気で心配になったものである。

どういう理由であろうと仲間がいなくなるのは寂しいものだが、新日本本隊、WAR、レイジング・スタッフと全方位を敵に回して一定水準の試合を提供し続けた平成維震軍の求心力はさらに増していった。そして、それが一つの形として結実したのが「独立」である。

この年の11月には東京ベイNKホールで平成維震軍として旗揚げ戦を行い、5000人もの観衆を集めた。選手会を抜けてから2年あまりでここまで到達したかと思うと、俺自身は感慨深いものがあった。

平成維震軍は、95年には3回のシリーズと8回の単発興行を開催している。独立といっても俺たち自身が興行を主催するわけではなく、全て新日本側が取り仕切ってのことだが、こうした試みはプロレス界では初めてだった。結局、この独立プランは途中で頓挫してしまったが、過去にこういうことを実現させたユニットはなかったから俺は誇っていいことだと思っている。

ところで、こうした自主興行の際には、みんなで連判状を書いて維震軍グッズとして売っていた。買ってくれた観客には全員で握手をし、誰もが喜んでくれたものだが、大会が終わると「連判状の売上でメシに行きましょう！」と幹事を買って出るのも俺の役目だった。

選手会で副会長を務めていた時も経理担当だったが、細かい作業をするのが俺は性に合っている。現在、俺は新日本の道場を管理する立場にあるが、寮の細かな飾り付けも全て一人で行っており、今も昔もこういうことは得意とするところだ。

当時の平成維震軍の人気を物語るエピソードがある。後楽園大会の試合後、控室に戻ってきたら、セコンドの彰俊が50万円ほどの札束を握っていた。

「お前、それどうしたんだ？」

驚いた俺たちが聞くと、「いや、知らないオジサンが…」と彰俊自身も戸惑っているようだった。どうやら俺たちの試合を観て、エキサイトした観客がご祝儀として手渡してきたらしい。もしかしたら、後楽園ホールの隣の馬券場で大勝ちでもしたのだろうか。

その日の帰り、俺たちは好きなだけ飲み食いし、残ったお金はみんなで山分けした。きっとメンバーの誰もが「そのオジサン、また来ないかな？」と期待していたはずだが、残念ながら我々の前に二度と姿を現すことはなかった。

平成維震軍 vs 昭和維新軍の抗争

94年から95年にかけて、俺たち平成維震軍は長州率いる昭和維新軍と抗争を繰り広げた。これは元祖・維新軍の旗頭として80年代のプロレス界に大きなムーブメントを巻き起こした長州自身のアイデアだったと思う。

95年4月8日の後楽園ホール大会で越中&木村&小林vs長州&マサ斎藤&谷津嘉章というカードが組まれたが、この時に寺西勇さんが乱入した。そして、寺西さんは試合後に「アニマル浜口やキラー・カーンも連れてくる。小林もこっちに引き抜く」と宣言。キラー・カーンは来なかったが、浜口さんは昭和維新軍に合流し、80年代の新日本マットで行われた5vs5シングル綱引きマッチなどが再現された。

俺自身、懐かしい顔ぶれと再会できたという思いはあったが、この昭和維新軍との抗争にはあまり価値を見出せなかった。せっかく平成維震軍として前に突き進んでいるのに、今さら昭和の頃の話題を絡めてくるという発想は、正直に言って考えが合わない。

俺の中では昭和の維新軍もジャパンプロレスもすでに消化済みで、終わったことでしかなかった。あの当時とはファンも入れ替わっており、この対抗戦の図式は若い世代には伝わりづらかったようにも思う。

こうしたリング上のアイデアに関して言うと、当時はよく平成維震軍の独立興行のマッチメークなどについて越中とは活発に意見交換をしていた。

意見と言っても俺の場合は考え抜いたものではなく、日常生活の中で思いついた〝ひらめき〟のようなものも少なくない。しかし、重要なのはそのひらめいたアイデアを実際に行動に移すことだ。これはプロレスに限らず、必要なことだと思う。そういう意味では、日々様々なことを考え、それを実行していた猪木さんは本当に凄い人だった。

俺がアイデアをいろいろ考えて、行動に移せるようになったのはメキシコで武者修行をしていた経験が大きい。メキシコへと旅立ったのは80年。キャリアは7年目だったが、まだ24歳だったから一介の若手でしかなかった。当然、会社の社長である猪木さんに対して自分の要望を言えるような立場ではない。

しかし、メキシコに行くとそれができる。というよりも、やらなければ生き残っていけないと言ったほうが正しい。それを考えると、昔の選手のほうが仕事に対してシビアだったという感覚がある。自分でアイデアを考えられない選手はすぐに仕事を干されてしまうし、よほどの才能や運がない限り上には行けない。

当時、いわゆる〝できる選手〟は自分で自分をプロデュースし、上のほうの試合で使ってもらえるようにアイデアをオフィスに持って行くのが当たり前だった。ただ漠然と試合をしてい

ても、何も生まれない。例えば、ラーメン屋にしても近くに同業の店があったなら、そこは違う味を提供するだろう。それと全く同じことである。

そういう意味では越中もいいアイデアの持ち主だったし、意外に思われるかもしれないが、館長もたまに的確なことを言うことがあった。全員が揃いの道着を着たのは館長の案だったはずで、これは館長のヒット作の一つと言っていいだろう。

野上彰との敗者髪切りマッチ

その館長に続いて、95年7月にはカブキさんが新日本との契約を終え、平成維震軍を去った。

この時代のカブキさんの試合で最も印象に残っているのは、93年に行われたグレート・ムタとの2連戦だ。特に新日本の日本武道館大会でＩＷＧＰ戦として行われた2度目の試合は鮮烈に記憶に残っている、この時、カブキさんは自分の額からまるで水芸のように血を噴射した。俺の後方にいた女性ファンは悲鳴を上げていたが、カブキさんが大観衆を手玉に取る姿を見ながら、同じレスラーとして「この人には敵わないな…」と思ったものだ。

カブキさんの離脱を受けて、俺は戦力の補強を考えるようになった。その時に俺の目に入ったのが、まだ若かったにも関わらず、中堅に押しやられていた野上の姿だった。

当時、野上は飯塚とＪ・Ｊ・ジャックスというタッグチームを結成していたものの、なかなかファンの支持を得られずにいた。傍目から見ていても、同期の闘魂三銃士と大きな差をつけられてフラストレーションを溜めているのが伝わってきたし、野上はプロレスセンスという点で光るものを持っていたので、このまま燻っていてはもったいない。

「よし、俺がこいつを押し上げてやろう」

そう考えた俺は、95年11月24日の後楽園ホール大会で仕掛けた。ゴング前に野上の顔面に強烈な〝張り手〟を見舞うと、その意図が彼にも伝わったのだろう。何かが吹っ切れたかのように、俺に掴みかかってきた。この張り手に関しては、野上が自分の章で詳しく説明しているようなので、そちらを読んでほしい。

そこから俺と野上は抗争に突入し、96年2月3日の札幌中島体育センター大会では決着戦として敗者髪切りマッチを敢行した。この試合で俺は敗れて坊主になり、同時に野上は平成維震軍に合流することになる。

この時、俺はすでに40歳に差しかかっていた。その年齢で坊主になるのは勇気がいったし、恥ずかしさもあった。

だが、それ以上に家族には辛い思いをさせたようだ。妻は近所の人から「旦那さん、何かあったんですか？」と、まるで犯罪でもやらかしたかのように言われたらしい。それもあって髪が伸びるまでは、しばらく外を堂々と歩けなかった。

平成維震軍と聞いて、メンバーの坊主頭、スキンヘッド姿を思い浮かべるファンは多いかもしれない。実際にメンバーが髪を切ったり、スキンヘッドにした時期はバラバラなのだが、反選手会同盟が正式始動して間もない頃、気合いを示すべく欠場中だった俺以外の全員で頭を丸めたことがあった。しかし、木村さんだけは角刈りのような頭をしていた。

「それ、何なんですか？　ちゃんと丸めましょうよ！」

みんなでそう言っても、木村さんはバツの悪そうな笑みを浮かべるだけだったらしい。家族の手前、頭を刈り上げるのは恥ずかしかったのだろうか。そう考えると、眉毛まで剃り上げ、完全にカタギの風貌ではなくなった後藤の度胸は大したものだと今でも思う。

解散直前に再び襲ってきた病魔

平成維震軍として活動を続ける中、リング上で思いがけぬ再会もあった。

95年12月30日、大阪城ホールで開催された『突然卍固め イノキ・フェスティバル』で、俺は初代タイガーマスクと3分5Rで対戦している。

佐山はこの年からプロレスに本格復帰し、様々な団体に参戦していた。約12年ぶりにリング上で対峙した佐山は、確かに当時よりも太ってはいたが、その斬れ味鋭い動きはさすがの一言だった。

続いて97年6月5日の日本武道館大会で、初代タイガーからタイガーキングに改名した佐山

と再び対戦している。しかし、この試合後に俺は「今日は締めくくり。ターゲットにする気力はもうない」とコメントを出した。

昭和維新軍との抗争しかり、佐山との連戦しかり、昔からのファンはノスタルジーに浸れるのかもしれないが、俺の中では過去にすがっているような気がして、どこか乗り切らない部分があった。

「レスラーとして今を生きる」

どれだけキャリアを重ねようが、その思いが自分の中では強かった。

この時期になると、平成維震軍は発足当初のような大きなうねりを起こすことはなくなっていた。

「もう役目を終えたのかもしれないな…」

いつしか俺の中でそんな思いが芽生えてきていたが、おそらく他のメンバーたちも似たような気持ちを抱いていたように思う。そして、それは観客側にも伝わっていたことだろう。

99年1月、今度は彰俊が新日本を退団する。1年前から野上も欠場していたが、もうメンバーを補強するという話が出ることもなかった。

俺の平成維震軍としてのラストマッチはこの年の2月12日、岐阜産業会館。小原と組んで、藤田和之&福田雅一から勝利を収めている。そして、10日後の2月22日、都内の焼肉料理屋で平成維震軍の解散が発表された。

解散は会社の意向というよりも、俺たち自体、この先のテーマが見えなくなってきたというのが大きい。会見に出席したのは越中、木村、後藤、小原で、俺は腰痛悪化のために欠席と発表されている。しかし、本当の理由は違う。7年前と同じように、またも病魔が俺の体を襲ったのだ。

平成維震軍として最後の試合を終えた後、CT検査で肝臓に腫瘍が見つかり、この時も即入院することになった。

反選手会同盟が始動するタイミング、そして今度は平成維震軍が歴史の幕を下ろす時に大病が見つかった。こうもリング上のターニングポイントと自分の人生がリンクするものかと、因果を感じずにはいられなかった。

手術では肝臓の半分を切除した。肝臓は再生率の高い臓器ということもあり、大きさ自体は3カ月で元に戻っている。しかし、その後は再び療養生活が長く続き、俺は結局、2000年4月21日の獣神サンダー・ライガーとの復帰戦がそのまま引退試合となった。

当初、俺の体調を鑑みた会社側からは、試合はせずにスーツ姿での引退セレモニーを提案された。だが、俺は欠場したまま一度も試合をせず、現役生活に別れを告げることに抵抗があった。

「少しでもいいから、リングに立って試合がしたい」

その気持ちを汲んでくれた会社は、俺がデビュー戦の相手を務めたライガーとの試合を最後の舞台として用意してくれた。

この日、俺は腹部の手術跡を隠すため、不本意ではあったがタンクトップを着用した。そして、平成維震軍は解散していたこともあり、欠場前に身につけていた道着ではなく、パンタロンを穿いた。日本で初めてパンタロン姿でリングに上がったプロレスラーは俺であり、こだわりのコスチュームでもあった。

引退セレモニーには佐山をはじめ、維新軍の同志であった浜口さんも駆けつけてくれた。そして、館長やカブキさん、彰俊からも労いの言葉をかけてもらった。

こうして27年のレスラー生活にピリオドを打ったわけだが、俺はこの時も自分の病名は明かしていない。その後、2度にわたって肺に腫瘍ができた時に初めて自分がガンであることを公表した。それは俺のプロレスラーとしての意地でもあった。

歴代メンバーたちの「見えない糸」

結果的に、平成維震軍は俺にとってキャリアの集大成となった。未だにフェイスブックで当時の写真をアップすると、大きな反響が集まる。

その中で一番記憶に残っている試合を挙げるとなると、やはり全ての端緒となった92年1月30日の彰俊との異種格闘技戦になる。

本人はどう思っているか知らないが、彰俊のプロレス人生もあの一戦に集約されるのではないだろうか。その後、彼はプロレスの技術を身につけるにしたがって、初めの頃のいい意味でギクシャクした〝らしさ〟が薄れていったが、この世界に馴染むためには仕方のないことだったかもしれない。

あの日、もし彰俊との一騎打ちが凡戦になっていたら、後の反選手会同盟も平成維震軍もなかっただろうし、俺自身も彰俊も終わっていただろう。

俺が改めて感じるのは、プロレスの世界において対戦相手の存在がいかに重要かということだ。観客の目を惹きつけるには、互いに「こいつにだけは負けられない」と思えるような抗争相手を作り、いろいろな意味で切磋琢磨する。それが俺にとって古くは佐山であり、この時代の彰俊や北原、そして野上だった。

最初にガンが見つかった時、選手会との抗争がキャリアの最後のハイライトになるだろうと思っていた。しかし、まさか7年もその流れが続き、平成維震軍がキャリアの最終章となった。

俺が最後に言いたいのは、歴代メンバーの誰もが反選手会同盟、平成維震軍に来て、結果的にレスラーとして光ったということだ。合流してきた動機や理由はどうであれ、その全てのきっかけを作った人間としてはメンバーの一人一人に光が当たったことが何より嬉しい。

そして、こうして長い歴史を振り返ってみると、最初に戦った彰俊、俺の流れに乗っかってきた越中、今でも仲良くしている館長、俺が誘った木村さんや野上、そしてカブキさん、後藤、小原も含めて、そこには初めから見えない糸があったような気もする。

第2章

齋藤彰俊

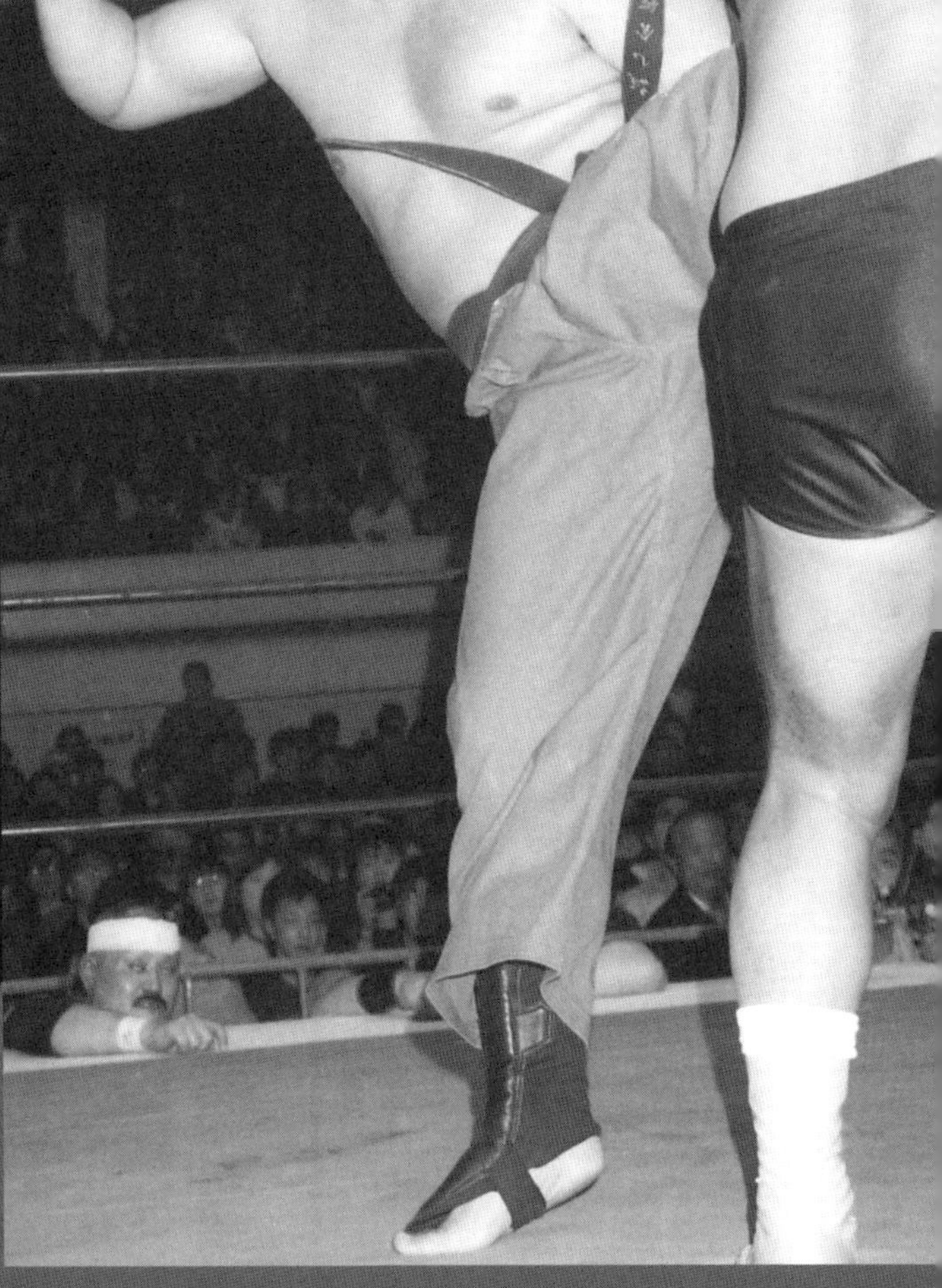

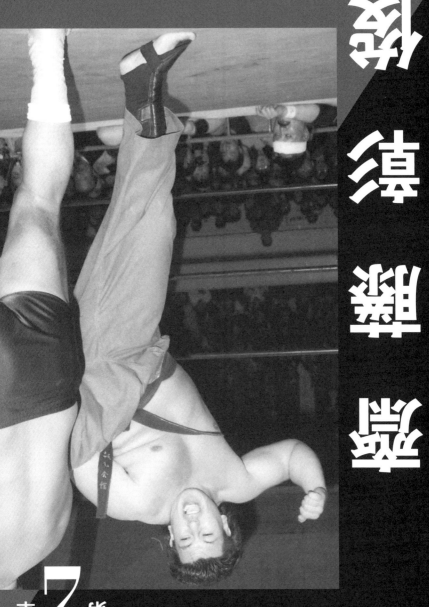

齋藤彰俊

Akitoshi Saito

8月8日生まれ（生年非公開）、宮城県仙台市出身。身長177cm、体重123kg。幼少の頃より水泳を始め、中京大学時代にはユニバーシアードやパンパシフィックの日本代表に選ばれ、オリンピックの強化選手にもなった。水泳引退後はかねてからの夢だったプロレスラーを志し、1990年12月20日にパイオニア戦志の半田市民ホール大会で、金村ゆきひろ（現・キンタロー）を相手にデビューを果たす。その後、W☆INGを経て、1992年より誠心会館の一員として新日本プロレスと抗争を開始。小林邦昭や越中詩郎らと激闘を繰り広げる。抗争終結後は越中らと反選手会同盟（後の平成維震軍）を結成。維震軍時代は空手仕込みの打撃技で切り込み隊長として活躍した。1999年1月をもって新日本を退団。しばらくの間、プロレス活動を休業するも、2000年にプロレスリング・ノアで活動を再開。2006年より正式に所属選手となり、一時的にフリーとなった時期もあったが、現在も所属選手としてノアのリングで活躍を続けている。2019年11月16日、ノアの後楽園ホール大会で「反選手会同盟」の結成を宣言した。

私は現在、プロレスリング・ノアの所属選手だが、黄金期と呼ばれていた1990年代の新日本プロレスのリングに上がっていたことは人生の中で非常に大きなウェートを占めている。小林邦昭さんや越中詩郎さんとの抗争、反選手会同盟、平成維震軍——。今でもプロレスを続けていられるのは、あの時代があったからこそだろう。

そんな私が、なぜプロレスに関わるようになったのか。そして、なぜ誠心会館の一員として新日本に上がるようになったのか。

あれから20年以上も経った今だから明かすが、実は新日本に最初に乗り込んだ時、私は厳密には誠心会館の門下生ではなかった。

最初に、その誠心会館との関わりから記していきたい。

日本代表チームで〝水泳維新軍〟を結成

私が元々熱心に打ち込んでいたスポーツは水泳だった。出身地の宮城県仙台市に住んでいた中学生の頃には、全国大会で3位という成績を残したこともある。その後、愛知県名古屋市に移住し、高校、大学に進学しても水泳は続けていた。

同時に熱狂的なプロレスファンでもあった私は強くなりたいという思いが高じて、高校3年生の時に空手を学び始める。中京高校時代、学校のすぐ近くにある極真空手の道場に通ったのが最初だった。中京大学に進学してからは、場所を変えて寸止めの伝統派空手の道場に通い始めた。

それでも、やはりメインは水泳だった。高校、大学を通じてインターハイ、インカレ、国体、日本選手権で優勝するなど実績をあげることができ、ユニバーシアードやパンパシフィックの日本代表にも選ばれた。オリンピックの強化選手にもなっていたので、怪我をしたりすると迷惑がかかる。だから、本格的に空手に打ち込むことはできず、水泳の大会を優先しなければいけないので試合に出ることもなかった。

私の年代の男が影響を受けたものの一つとして、梶原一騎原作の『空手バカ一代』という漫画がある。極真空手の創始者である大山倍達総裁が主人公の漫画だ。

私もプロレス同様、この『空手バカ一代』にも多大な影響を受けていた。水泳が速くなりたい。しかし、一人の男として強くもなりたい。この時期、私はそんな2つの目標を掲げて、学生生活を送っていた。

水泳の日本代表チームでは、鈴木大地、野口智博といった選手たちと一緒だった。大地はソウルオリンピックに出場して100メートル背泳ぎで金メダルを獲得し、後には初代スポーツ省の長官を務めているので知っている方も多いだろう。野口も400メートル自由形の元日本記録保持者で、現在もオリンピック中継で水泳の解説を務めるなど、いずれも水泳界の大物になった。

私はその2人と共に日本代表の中で、〝水泳維新軍〟という軍団を結成した。お揃いのカンフーシューズを履いたこともあったが、その中で私一人だけが一心不乱にウェートトレーニングに励んでいた。なぜウェートトレーニングに精を出したのかというと、これもプロレスの影響だった。

私はその時期、長州力さんの大ファンだった。その長州さんが出版した『力しか信じない―掟破りのサソリ語録』という本も熟読していたし、当時プロレス界を席巻していたロード・ウォリアーズの影響もあって、「水泳はパワーだ！」と思い込んでしまっていたのだ。マスコミの取材を受ける時に、一人で黙々とウェートトレーニングをやっている写真を撮ってもらったこともあった。

しかし、ウェートトレーニングをしていなかった大地がオリンピックに出場し、熱心に取り組んでいた私は行けなかった事実を考えると、「水泳はパワーではなかった」という結論になってしまうかもしれない。

それでもプロレスへのこだわりは続いた。当時の水泳の大会では日本選手権の予選を1位で通過すると、決勝では好きな曲を入場曲としてかけることができる。当然、私が選んだのは長州さんの入場曲『パワーホール』だった。

トレーニング用の短パンにも「闘魂」の2文字をマジックで書き込むような有様で、NHKの中継があった際に「彼は闘魂パンツを穿いています」とアナウンサーに実況されたこともある。

卒業した後もソウルオリンピック出場を目指して1年間、大学に研究生として残って水泳を続けた。しかし、その選考会で5着に終わり、オリンピック出場の夢は絶たれた。この選考会後に出場した国体を最後に、私は水泳人生に終止符を打っている。

現役を引退した私は、愛知県のスポーツ振興事業団に就職した。ここの職員は「準公務員」という立場であり、なかなか恵まれた職業に就けたと思う。

空手に本格的に打ち込むようになったのも、この時期からだ。大学に入ってから始めた伝統派空手は1年ほどで辞め、その頃は格闘技時代塾という空手道場に通っていた。

その一方で、私の心の中には常に燻り続けている思いがあった。それがプロレスラーになりたいという夢だった。水泳をやっている時もその夢は常に抱いており、ナショナルチームにいたプロレス好きのコーチに「プロレスラーになる」と宣言したこともあったが、誰も信用してくれなかった。

水泳を辞めた後、社会人として働きながら、その思いはさらに強くなり始め、私はウェートトレーニングをするためにベンチプレスなどの器具を通販で購入した。とはいえ、自宅には置き場がない。そこで職場にあった地下の倉庫に勝手に置き、ここをトレーニングスペースにしてしまおうと計画した。

ところが、ここで誤算が生じる。ちょうど自分しかいない時間帯を見計らって配達されるように注文したつもりだったのだが、運悪く早く届いてしまい、職場にバレてしまったのだ。

仕方がないので、職場の人たちに「健康のためにトレーニングしましょう！」と呼びかけて会費を支払ってもらう形に方向転換し、みんなで自由に使えるようにした。しかし、こういった行動が重なり、職場で問題視されるようにもなってきた。

そんなことがありながらも、私は空手にも夢中だった。通っていた時代塾は青柳政司館長が作った誠心会館と友好関係にあった道場である。青柳館長と出会ったのは、その頃のことだ。館長は空手の指導のため、たびたび時代塾にも顔を出していた。

そういうつながりがあったので、空手の試合に出る時は「誠心会館」の枠で出場させてもらっていた。誠心会館が属していた国際空手拳法連盟には白蓮会館なども加盟しており、士道館の添野義二先生や真樹道場の真樹日佐夫先生なども関わっていた。私の試合で真樹先生が主審を務められていたこともある。

この時期、私がプロレスラーになる上で大きな影響を与えてくれた人物がいる。それが高校、大学の同級生だった松永光弘だ。松永は相撲をやっていたが、大学を中退して寛水流空手を学ぶようになり、その後は誠心会館に移っていた。

高校時代から、私たちは「プロレスラーになりたい」という共通の夢を持っていた。いち早く相撲に見切りをつけた松永は当時、日本テレビで放送されていた『天才・たけしの元気が出るテレビ‼』の「プロレス予備校」というコーナーに出演している。

これは合格者を「たけし猫招き仮面」としてプロレスデビューさせるという企画だった。後楽園ホールで行われたオーディションに松永はタイガーマスクのマスクを被って参加したが、このマスクは私が貸したものである。番組を観ていると、ルックス的に一際目立っていた松永はインタビューを受けていた。

その後、青柳館長が『格闘技の祭典』に出場してプロレスに進出すると、松永も89年10月6日、名古屋市露橋スポーツセンターで開催されたＦＭＷの旗揚げ戦でプロレスラーとしてデビューした。

実は私もこの旗揚げ戦で空手のエキシビションマッチを試合前に行っている。『格闘技の祭典』に青柳館長が出場した時にセコンドに就いたことはあったが、プロレスのリングに上がったのはこれが初めてだった。

この時はまだスポーツ振興事業団の職員をしていたが、私の夢を知っていた松永がいろいろと動いてくれた。青柳館長と松永はＦＭＷに出場した後、剛竜馬さんが作ったパイオニア戦志という団体を主戦場にするようになる。そこで松永が剛さんに頼んで、私のデビュー戦を組んでくれたのだ。

ジプシー・ジョーに教わった「裏技」と「心得」

90年12月20日、パイオニア戦志の半田市民ホール大会が私のデビュー戦の舞台となった。相手は金村ゆきひろ（現・キンタロー）である。

デビュー戦を行った時の私の所属先は、誠心会館だった。実際は時代塾の所属だったのだが、前にも書いた通り空手の試合に出場する時に誠心会館の枠で出場させてもらっていた。プロレスのリングも青柳館長の系列で上がることになったから、〝誠心会館所属〟にしたのだ。そのため、時代塾の人間から「お前は誠心会館なのか？」と嫌味を言われたこともある。

ところが、ようやくプロレスラーになれたと思った矢先、パイオニア戦志がこの大会をもって解散してしまった。

元々試合はこのデビュー戦しか決まっていなかったが、青柳館長から「プロはいいぞ」と言われていた私は一念発起してスポーツ振興事業団をすでに退職していた。本格的にプロレスラーを目指すには、まず仕事を辞めないとダメだと思ったからだ。青柳館長に電話で報告すると、「何で辞めるんだよ！」と惜しまれたが、準公務員という安定した職業に未練はなかった。

しかし、パイオニア戦志が活動を停止したことで、いきなり上がるリングがなくなってしまった。一応、デビューしているとはいえ、どこの団体からも誘いはない。

私は「絶対にプロレスラーになる」という強い意志を持ちながらも、生活のために引越会社のアルバイトやバーテンなどいろいろな仕事をしていたのだが、そんなある日、FMWにいた茨城清志さんという方から連絡があった。

「今度、W☆INGという団体を作るので一緒にやらないか?」

私は迷うことなく、その誘いに乗った。世界格闘技連合W☆INGが旗揚げされたのは91年8月7日、後楽園ホール。私はサブミッションアーツレスリングの木村浩一郎、柔道の徳田光輝と共に「格闘三兄弟」の一人として売り出されることになった。

当初、W☆INGは団体名の通り格闘技路線という触れ込みの団体だった。鎌倉で合宿をやった時には、社長を務めていた大迫和義さんから「コカ・コーラをスポンサーにつけて、マイク・タイソンも呼べるようにする」という話も聞かされた。この合宿は各格闘技の交流のような形で2日間にわたって行われたのだが、途方もない話にワクワクしたことを憶えている。

しかし、いざ旗揚げ戦で後楽園ホールのリングに立つと、いきなりイスでぶっ叩かれた。そこで行われていたものは、格闘技とは全く違う試合だった。

思いもよらぬ展開になってしまったが、とにかく私のプロレス人生はここから本格的にスタートする。当時、参戦していたジプシー・ジョーさんやミスター・ポーゴさんからプロレスを教わる機会も得ることができた。

ジョーさんからは、いきなり目の抜き方など〝裏技〟を教わった。そして、「プロレスのシュートというのは殺し合いのことだ。だから、そんな言葉を簡単に口にするんじゃない」とプロとしての心得も伝授された。

話は飛ぶが、後年、新日本プロレスに在籍していた時にK—1から私に参戦オファーが来た。

ホール

その時に、現場監督だった長州さんからこう言われた。

「お前が出ても負けねえぞ。何でか、分かるか？　新日本プロレスという会社があって、社員がいて、その家族全てを背負うんだから、お前は負けるわけにはいかないし、負けない」

私がもしK－1に出たら、背負うのは自分のプライドや意地だけではない。会社も社員の家族の生活も全て背負わなければいけない。もし他流試合に出る場合は、それぐらいの気迫で行かなければいけないということだ。

ジョーさんの教えにしても、長州さんの言葉にしても、今のプロレスにはない思考かもしれない。だが、若い時期にそうした「昭和のプロ意識」を教わったことは自分にとって貴重な財産だと思っている。

その他にもW☆INGではポーゴさんが受け身を教えてくれたりしたが、私もそれほど上達はしなかった。さらにドス・カラスといったメキシコの選手が来日した時に技術を教わったり、グレート・ウォージョというアマレス系の選手から習ったこともあるが、振り返ってみれば、この時期はまだまだ「プロレスラー」のレベルには達していなかった。

ところで、この当時、W☆INGはマスコミから「3カ月で潰れる」と言われていた。私は「いや、そんなことはない！」と反発していたが、やはりマスコミの人たちの読みは鋭い。本当に3カ月で団体が潰れてしまったのだ。

この私がW☆INGに出ていた時期に、青柳館長は新日本に参戦していた。同級生の松永も一度新日本に上がったことがあるが、その後はW☆INGに参戦し、デスマッチ路線の試合を行うようになった。

だが、当初の計画が格闘技路線だったこともあり、団体内部に亀裂が生じてしまう。大迫社長と茨城さんたちの間で確執が生まれ、結果としてW☆INGは格闘技路線派とデスマッチ路線派に分裂することになった。

大迫社長が新たに立ち上げようとしたのが世界格闘技連合（WMA）で、茨城さんたちが立ち上げようとしたのがW☆INGプロモーション。私は格闘技路線の世界格闘技連合に行こうと思っていたので、旗揚げの準備が整うまでしばらく休業に入った。

その矢先、あの〝事件〟が起きる。

「東京ドームで挑戦状を読む根性はあるか？」

私の同級生で、やはり誠心会館で空手をやっていた松井啓悟という男がいる。彼は高校時代に私や松永と一緒に「新撰組」というグループを組織していた。松井は、この新撰組の特攻隊長だった。

新撰組を簡単に説明しておくと、ヤンチャなグループとでも言っておけばいいだろうか。名古屋の治安維持のために自分たちの正義を振りかざし、日々、世直し活動を行っていたグループだ。断っておくが、弱い者イジメをしていたわけではない。名古屋の風紀を乱す学生たちを狩っていただけなので、誤解しないでいただきたい。

その松井に災難が降りかかった。91年12月8日、新日本プロレスの後楽園ホール大会。この日、松井は青柳館長の荷物を控室に届けに行ったところ、ドアの閉め方が悪いという理由で小林邦昭さんに殴られてしまったのだ。

この事件が発火点となって誠心会館と新日本の抗争に発展するわけだが、私は松井からの連絡で事の詳細を知った。当時の私はまだ若く、すぐ熱くなるタイプでもあったから、話を聞いて「そんなことをされたのか！」と本気で憤った。ただ、この時点では自分が新日本に乗り込むことになるとは微塵も考えていなかった。

もっとも松井も元々は私と一緒にヤンチャをしていた人間だから、本当に控室で態度が良くなく、小林さんは本気で腹が立ったのかもしれないという思いもある。

しかし、当時の松井は空手を習っているとはいえ、立場的には普通の社会人だ。当時はアパレル関係の仕事に就いていて、ごくごく一般的なサラリーマンである。

だから、これ以上は前面に出るわけにはいかない。ちなみに松井は今でも空手を続けており、男塾という道場を経営している。娘さんはテコンドーの日本代表にも選ばれる実力者だ。

その後、小林さんが誠心会館の門下生たちに襲撃されるという〝事件〟が起き、その黒幕が私ということになってしまった。12月16日に大阪府立体育会館で起きた襲撃事件の現場に私は

いない。その時は、まだ大迫さんとWMAをやろうという話が消えていなかったからだ。

しかし、事態はどんどん進んでいき、それと並行するように私も「松井の代わりに、ケツは新撰組の総長であり、プロの俺が拭きに行く」という気持ちになっていった。12月23日に後楽園ホールで開催された誠心会館の自主興行を経て、私は新日本の永島勝司さんから、こんなことを言われた。

「東京ドームで挑戦状を読むくらいの根性があるなら参戦を考えてもいい」

今になって考えてみると、これは今で言う「トライアウト」のようなものだったのだろう。W☆INGに出てプロレスをやっていたといっても数カ月間のことで、プロレスに関しては素人同然である。その素人を抗争相手として選んでいいのか。そこは新日本としても判断の難しいところだったはずだ。

永島さんとしては、私が怖気づいて1月4日の東京ドーム大会に来なかったら、この話は終わり。来たとしてもファンの反応が薄かったら、話はなかったことにしてもいいくらいの感覚だったと思う。

だが、当時の私はイケイケだった。永島さんの言い方に挑発めいたニュアンスも感じたし、「だったら、やってやろうじゃないか！」と逆に熱くなった。もしかしたら、この時の私は永島さんの手のひらの上で転がされていたのかもしれない。

何より、長州さんのファンだった私にとって新日本プロレスは憧れていた団体だった。〝外敵〟

としてではあるが、そのリングに上がるチャンスが巡ってきたのだ。それをフイにするわけにはいかない。

もちろん、何が起きるか分からないという恐怖感もあったが、それよりも自分の中ではやる気のほうがはるかに勝っていた。今、自分は間違いなく人生の分岐点に立っている。ここで立ち止まってしまっては、何も残らない。いや、悔いだけが残ったはずだ。悔いを残して自分自身を責めるくらいならば、前に進むしかない。

こうして私は誠心会館の代表として東京ドームのリングに上がり、W☆ING時代には考えられないほどの大観衆を前に挑戦状を読み上げた。

「誠心会館の齋藤を潰せ!」という指令

ファンの反応が良かったからなのか、早速私は92年1月30日に大田区体育館のリングに上がって小林さんと対戦することになった。なお、WMAはこの直後の1月31日に大会を開催することなく解散している。

この試合で私がやったことといえば、殴る蹴るのみ。逆に言えば、プロレスラーとして未熟だった私としては、それしか自分の〝武器〟がなかった。今さらグラウンドを勉強しても付け焼き刃に過ぎないし、正直に言えば、この時点で関節技の逃げ方すら知らなかった。

この試合は、自分が思い描いていたプロレスとは大きく異なるものだった。小林さんには顔を殴られ、カカトで踏まれもした。その影響からか脳震盪というわけではないが、数日間は頭がグラグラ揺れているような状態だった。

ここから抗争は本格化していったが、どの試合もとにかく激しい内容だったと思う。大田区大会の後、誠心会館の仲間たちが有給を取ってセコンドに就いてくれるようになったのだが、新日本のレスラーたちにボコボコにされてしまい、次第に数が減っていった。

ファンの人たちのエキサイトぶりも凄く、危険を感じたこともある。当たり前の話だが、新日本の会場に誠心会館のファンはほとんどいない。忘れもしないのは2月12日の大阪府立臨海スポーツセンター大会、越中さんと異種格闘技戦をやった時だ。観客の中に、カイザーナックルのようなものを拳に装着しているファンが混じっていたのを私は見逃さなかった。

そんな過激な抗争はマスコミの注目も集めた。これに対して馳浩さんや佐々木健介さんたちが激怒していたという。後から聞いた話だと、選手会の会議で「誠心会館の齋藤を潰せ！」という指令が本当に出ていたらしい。

新日本の選手たちは入門テストをクリアして練習生となり、厳しいトレーニングと下積みを経て、ようやくプロレスラーとしてデビューできる。彼らから見れば、私も青柳館長もプロレスの下積みを全く経験しないままリングに上がり、いきなりスポットライトを浴びている人間ということになる。しかも「新日本に爪痕を残す！」などと偉そうなことを言うわけだから、

腹が立つのも無理はない。

後で映像を観ると、ある試合の途中で馳さんが凄い形相で誠心会館のセコンドを蹴っ飛ばしているシーンが映っていた。佐々木さんもリングサイドで「お前ら、ふざけんな！」と怒鳴り散らしていたし、鬱憤がかなり溜まっていたのかもしれない。

ただ、この90年代初め頃までのプロレスには多かれ少なかれ、こういった部分が残っていた。『格闘技の祭典』で青柳館長が大仁田厚さんと試合をした時も、セコンドには佐竹雅昭さんや村上竜司さんといった空手の猛者たちが就き、革靴で大仁田さんサイドのセコンドたちを蹴飛ばしていた。その中には、後のウルトラマンロビンなどがいたはずだ。

だから、我々と新日本の抗争も通常のプロレスの試合ではなかった。リングに上がっている当事者以外の人間たちも、「相手を潰してやろう！」と殺気走っているような有様だったから、新日本の会場にいる時は常に緊張の糸が切れることはなかった。

2月8日、札幌で小原道由選手と対戦した時は一人で会場入りしたのだが、ライトグリーンのパーカーのフードを目深に被って顔を隠し、関係者に誘導してもらった。ファンに見つかると、何をされるか分からないからである。

試合後は道着姿のまま素足でタクシーに乗り込み、すぐにホテルに引き上げた。エキサイトしたファンが追いかけてきたからだ。

また、この抗争を通じてプロレスラーのプライドの持ち方が様々であることも知った。小林さんは絞める、殴る、蹴るといった格闘技的な技術を駆使していたし、小原選手もどちらかというと、そういうタイプだった。

しかし、大阪で試合をした越中さんは異種格闘技戦というフィールドでも自分のスタイルを崩さなかった。ヒップアタックをガンガン放ってきたし、小林さんよりもプロレスに寄ったスタイルを貫いていたのは、後から考えると越中さんのプライドだったと思う。「やられたら、やり返せ！」というのが新日本育ちの選手たちに植え付けられたプロ意識だったのかもしれないが、全日本プロレス育ちの越中さんは違った考え方を持っていたのだろう。また、越中さんはジュニアヘビー級というイメージが強かったのだが、実際に向かい合うと、そうは思えないほど大きかった。

一連の抗争に関しては、乗り切るのに精一杯だったという思いしかない。だが、その必死な姿を評価してくれた人がいた。長州さんである。

記憶が定かではなく、正確な日にちは憶えていないが、おそらく小林さんと対戦した大田区大会の当日か後日だったと思う。

「普通の選手だったら5年、10年かかることをお前は1日でやったよ」

その時は何を言われているのか、長州さんの真意は分からなかった。しかし、自分を認めてくれたように思えて嬉しかったのを憶えている。

小林さんとの最初の試合は、私としても人生を懸けた一戦だった。準公務員という安定した仕事も捨てて、憧れのプロレスの世界に入り、何とかチャンスが巡ってきたものの、この試合が低評価で終わったら、その瞬間に新日本から切り捨てられていたかもしれない。

当時の新日本は素晴らしい選手がたくさんいたし、お客さんも入っていた。だから、あえてどこの馬の骨とも分からない私たちを使う必要はない。

長州さんの言葉は「お前はリングに上がる資格がある」と言われているように聞こえ、本当に嬉しかった。

私の人生を変えた〝カブキ師匠〟との出会い

抗争が終結した時、私の中には不安もあった。現場監督の長州さんとは、普通に話ができるような立場にない。今後、自分は一体どうなるのか。この時はどんな形になるにせよ、プロレスを続けたいという思いしかなかった。

そもそも最初に東京ドームで挑戦状を読み上げた時点では、これほど何度も試合を組まれるとは考えていなかった。手探りの中、組まれた試合に必死に取り組んできたことが「道」としてつながっただけである。

結果的に、私と青柳館長は越中さんたちと反選手会同盟を結成することになる。この時、小林さんはガンの治療のために欠場しており、新たに木村健悟さんが越中さんの助っ人として加わっていた。

ただ、反選手会同盟をスタートするにあたってミーティングらしいものはなかった。食事会をしたことはあるが、やはり最初はなかなか打ち解けられなかったような気がする。おそらく私と青柳館長に対して、越中さんたちは「まだプロレスラーとして、仲間として認められない」という部分が残っていたのではないだろうか。

小林さんが病気で欠場したため、反選手会同盟は自然と越中さんがリーダーのような形になっていたが、プレッシャーは相当大きかったと思う。だから、試合後はいつも私に対して厳しい言葉を投げかけてきた。

「何をチンタラやってんだ！」

ただし、それは越中さんの中で責任感が芽生えていたからこその言葉だったのだろう。

私個人としては、反選手会同盟が結成されてコンスタントに試合が組まれるようになり、アルバイトをする必要がなくなった。パイオニア戦志でデビューしてから1年9カ月が経っていたが、ここで私は本当の意味で「プロレスラー」になったと言える。

そんな中、かけがえのない出会いもあった。私が今もプロレスの師匠として慕っている存在がいる。それがザ・グレート・カブキさんだ。

カブキさんが反選手会同盟に加わったのは、92年11月17日のこと。当時、反選手会同盟は天龍源一郎さんが率いるWARにも参戦していたのだが、レイジング・スタッフのスーパー・ストロング・マシンさんとのトレードのような形でカブキさんがこちらに合流してきた。

カブキさんは私が越中さんに怒られると、「齋藤くん、大丈夫。明日、また頑張ればいいんだから」とよく励ましてくれた。さらに受け身やプロレスの技術など、この世界で生きていくために必要なことを教えてくれたのもカブキさんだった。だから、私は未だに「カブキ師匠」と呼んでいる。

巡業中は、よく一緒に飲みにも連れて行ってもらった。越中さんには全日本時代の怖いイメージが残っていたらしく、「彰俊、絶対にカブキさんと飲みに行っちゃダメだぞ」と言われたが、実際に同席させていただいたら全く怖いところがなく、私のことをかわいがってくれた。

まだ反日感情の強かった時代のアメリカに単身で乗り込み、トップにのし上がった人は、やはり凄みがある。当時、お客さんの中にはナイフを持っていた人もいたらしく、そういった環境で生き延びてきた話は、下っ端ながら同じプロレスラーとして実に興味深かった。

アメリカといえば、マサ斎藤さんからも声をかけていただいたことがある。専用の移動バスができるまで、我々は外国人バスに乗っていた。外国人選手のブッキングを担当していた斎藤さんもこちらに乗っていて、「客からは絶対に目をそらすな。そらした時点で、襲われるぞ」とアドバイスをいただいた。

もちろん、斎藤さんやカブキさんがいた頃のアメリカと、この当時の日本では治安が違う。しかし、そういった環境で生き抜いてきた人の凄みはプロレスラーとして身につけておきたかった。この斎藤さんの教えを受ける以前に私は試合中にお客さんに襲われているのだが、それについては後述したい。

ところで、同じバスに乗っていた外国人のトップレスラーたちを観察できたこともキャリアの浅い私にとっては有意義だった。スコット・ノートンは卵の白身ばかり食べていたが、その余った黄身ばかり食べていたのがグレート・コキーナだった。彼が早死したのは、そんな食生活のせいだったのかもしれない。

「デニムを穿いた足」で蹴られる

反選手会同盟が始まり、試合になると新日本本隊の選手たちが厳しい当たりでぶつかってきたが、WARが相手になっても、それは同様だった。こちらが「歯が折れるぐらい蹴ってこいよ！」と挑発すると、WARの選手は試合の中で本当にそういう蹴りを入れてくる。天龍さんはもちろんのこと、シューティング出身の北原辰巳選手なども遠慮なしに攻撃を入れてきた。

この時は両チームのファン同士も熱くなり、92年10月23日の後楽園ホール大会は異常なまでに観客席がエキサイトしていた印象がある。

この大会で、私は折原昌夫選手とシングルマッチを行い、場外乱闘で四つん這いの状態になった際に顔面を蹴られた。だが、ふとその足を確認すると、デニムを穿いていた。それは折原選手ではなく、明らかに観客の足だった。その直後、今度は背後から折原選手にイスで殴りつけられたのだが、マサ斎藤さんやカブキさんが言うように、やはり観客にも注意を払っていないと、試合中にこういう事態が起こりうる。

新日本でパワー・ウォリアー選手と試合をした時には、強烈な張り手を食らって脳震盪を起こしたことがあった。

「脳震盪？　お前が弱いのが悪いんだ！」

これが当時のプロレスの感覚だった。

WARとの対抗戦でも天龍さんの逆水平チョップを受けていると、その威力で段々とこちらのアゴが上がってきてしまう。そうすると、天龍さんは空いた喉元に強烈なチョップを躊躇なく打ち込んでくる。その結果、血を吐いたりしたこともあったが、そんなことが当たり前だった。

また、天龍さんは蹴っても殴ってもびくともせず、今まで味わったことがない感覚があった。どんな技でも受け切ってしまう怖さ。それを持っていたのが、全日本プロレスの流れを汲む天龍さんやWARの選手である。それは「やられる前に潰しに行け！」という攻撃的な新日本流とは、また質の違う怖さだった。

「眉毛を剃ったら、いいんじゃない？」

93年に入ると、8月に小原選手、10月にはレイジング・スタッフにいた後藤達俊さんも反選手会同盟の一員となった。

小原選手とは、よく飲みに行く仲間だった。スポンサー筋の飲み会があると、若かったこともあり越中さんの指令で私と小原選手が派遣されるのだ。

後藤さんのほうは現在、連絡が全く取れない状態で、最後に会ったのは4〜5年くらい前だったと思う。私は一度ノアを離れてフリーとして活動していた時期があったが、その頃のことだ。エル・サムライさん、後藤さんとある団体の興行で一緒になり、名古屋駅まで送って行った時以来、顔を合わせていない。

後藤さんといえば、あの風貌を忘れられないファンも多いだろう。スキンヘッドで、眉も落としていたが、あれは越中さんの一言がきっかけだった。

ある日、越中さんは見た目にもっとインパクトをつけようと思ったらしく、控室で「バンドエイドを取ってくれ」と言ってきた。何をするのかと思ったら、それを自分の左右の眉毛に貼った。

そして、鏡を見ながら「眉毛を剃ったら、いいんじゃない？　みんな、やろうよ！」と、とんでもないことを提案してきた。

しかし、その言葉を鵜呑みにして実際に眉毛を剃ってきたのは後藤さんだけ。越中さんは「いやあ、家に帰って、もう一回鏡で見てみたら、似合わないから、やめたよ」と言っていたが、後藤さんはどういう気持ちだったのだろうか。

だが、後藤さんのあの風貌が役に立つこともあった。もう平成維震軍に名称を変えた後のことだったと思う。ある日、六本木の某ホテルに維震軍のメンバーで集まり、食事をしながらいろいろと話をしたことがあった。

食事会が終わり、越中さんの車に乗って駐車場から出ていこうとしたところ、係の人に駐車代の金額を告げられた。やはりホテルの駐車場は高い。

しかし、後藤さんがあの顔で「おい、もうちょっとまからんか」と頼むと、ホテルの人は「…どうぞ！」とタダで通してくれたのだ。おそらくその筋の人だと思ってビビったのだろう。当時、プロレスを知らない人が後藤さんの風貌を目にしたら、誰もが「絶対に関わりたくない…」と思ったはずだ。

そんな個性的な面々が集った平成維震軍は試合になると結束するが、普段はそれほど仲が良かったというわけでもない。

ある時、越中さんと木村さんが口喧嘩をした。その頃、木村さんはプロテインの代わりに、よく「きな粉」を食べていた。テレビのワイドショーなどでやっている一般の人向けの健康情報に、とても敏感なのだ。

だから、それに影響されて「越中、ビタミンがいいらしいぞ」とアドバイスしたのだが、越中さんは「何を言ってんですか？　木村さん、ビタミンを見たことがあるんですか？　ビタミ

ンを連れてきてくださいよ！」と返して、そこから言い合いになった。しかし、試合になれば、ちゃんと各々の役割をこなすのだから、やはりプロ中のプロなのだろう。

そんな維震軍の〝結束力〟を示すエピソードが一つある。95年11月23日に川崎市のとどろきアリーナで大会があった時だ。この会場は新日本の道場とは多摩川を挟んだ向かい側にあり、オープンしたてでプロレスの興行を開催するのはこれが初めてだった。だから、壁には一切触れてはいけないし、機材も壊してはいけないと会社からお達しが出ていた。

しかし、試合後に長州さんが維震軍の控室に殴り込んできた。まず私が前に出されて、長州さんにボコボコにされる。さらに長州さんが越中さんに何事かがなり立てると、越中さんは「うるせー！」と近くにあったイスを投げつけた。

当然、長州さんは避けたから、イスはそのまま壁に激突し、穴が開いてしまった。こうなると弁償するしかない。

この時、越中さんの口から出たのが「これは連帯責任だな」という言葉だった…。

真っ暗な等々力不動尊での階段ダッシュ

私はシリーズにフル参戦するようになると、それまでの単発契約ではなく、新日本プロレスと年間契約を交わした。これは長州さんの計らいだった。

前にも書いた通り、長州さんはファン時代に憧れていた存在だった。大学時代に〝水泳維新軍〟を結成したり、日本選手権で『パワーホール』で入場したのも長州さんの影響である。

その長州さんとリングで向かい合った時に、プロレスラーの凄さというものをまざまざと見せつけられた。

私が着ていた空手着は、柔道着より薄い生地でできている。しかし、襟の部分は分厚く、かなり丈夫な構造になっているので本来は破れない代物だ。それを長州さんが素手で引きちぎってしまった時の衝撃は、今でも忘れられない。

初めて食らったリキラリアットも交通事故のような衝撃があった。もちろん、私も試合をする以上、憧れの存在だったという気持ちを捨ててリングに立っていた。長州さんはこちらの思いなど知ったことではないだろうが、その「強い当たり」は私を実戦で鍛えるという意味もあったのかもしれない。

怒られることも多々あったが、他の人と私とでは怒り方に違いを感じたりもした。怒りの中にも思いやりだったり、期待のようなものがあったような気がする。言葉の節々に温かみが感じられるのだ。もう引退されてしまったが、今でも会うといつも気にかけてくれる。

その長州さんが「お前、新日本に来い」と年間契約を持ちかけてくれた。私一人が新日本プロレスに加わったからといって、会社自体がどうなるものでもない。いてもいなくても、業績に変わりはないだろう。しかし、そんな存在の私に声をかけてくれたこと自体が嬉しかった。

私は憧れていたプロレスの世界にどっぷり浸かり、厳しいながらも充実した日々を過ごしていたが、常に行動を共にしてきた青柳館長は94年1月をもって新日本を退団した。青柳館長はその後、新格闘プロレスという団体の旗揚げに参加することになる。

この年は1月4日の東京ドーム大会の後、1月15日に後楽園ホールで誠心会館の自主興行が開催されている。私も呼ばれて出場したが、青柳館長と一緒にこの一件で長州さんに怒られた。

「お前らは契約選手なのに、単独興行とはどういうことだ？　許されないぞ！」

青柳館長は「齋藤は何も知りません。これは誠心会館の純粋なアマチュアのイベントです」と答えていたが、この興行に呼ばれていたのは後に新格闘プロレスに参加する人たちで、オリエンタルプロレスというインディー団体にいたレスラーだった。

以前にも誠心会館として自主興行は開催していたが、特にプロレスとバッティングするようなものではなかったから許されていたのだと思う。しかし、この時期はすでに年間契約を交わしていたし、またプロレスラーを上げてしまったということで、会社サイドは態度を硬化させたのだろう。

青柳館長が平成維震軍を辞めた経緯について、越中さんとの確執が原因だったという噂もある。確かに、私もこの2人の間で板挟みになることもあったような気がする。青柳館長は道場運営の仕事もあり、あくまで空手家としてプロレスのリングに上がっているというスタンスを崩さなかった。だが、そのことが越中さんからいろいろと注意を受ける原因となっていたのだろうか。

それが新日本退団の原因かどうか、正確なところは分からない。ただ、現在は昔のことを忘れたかのように越中さんと青柳館長は非常に仲が良く、２人で維震軍のグッズを作って売っているようだ。

95年7月には、カブキさんも契約満了に伴い退団した。その穴を埋めるかのように、翌年の3月からは野上彰さんが加入してくる。その頃、野上さんは飯塚高史さんとＪ・Ｊ・ジャックスをやっていたが、性格が全く違うので、おそらく合わなかったはずだ。

野上さんは三銃士と同期で大先輩にあたるのだが、器用で物腰も柔らかく、いろいろと話をしやすい人だった。野上さんが入ったことにより、維震軍の雰囲気も少し和らぐところがあったように思う。今でも維震軍として集まった時には、野上さんと会話を交わすことが多い。

野上さんが入る半年ほど前、新日本は高田延彦さん率いるＵＷＦインターナショナルと対抗戦を始めて、大きな話題を集めていた。我々維震軍がそのＵインター勢と対戦したのは、野上さんの加入と同時期だった。

96年3月23日、Ｕインターの仙台大会で私は垣原賢人選手とシングルマッチを行った。格闘スタイルのＵインターが相手ということもあって、久々に私も空手の打撃を活かした試合をすることができた。

後に垣原選手には「田村（潔司）さんのキックとは違ってズシッとした衝撃が来るから、足がとんでもないことになった」と言われた。それだけお互いに本気で蹴り合った一戦だった。

Uインターとの抗争は、そういった殺伐さがあった。金原弘光選手と試合をした木村さんはさんざん蹴られて、身体中が真っ赤になっていた。

いつだったかは忘れたが、武藤敬司さんが「木村さんと試合すると、痛えんだよな。アジの開きみたいな身体してるからよぉ」とぼやいていた。「おじいちゃんに負けちゃいました」と試合後に笑っていた金原選手だったが、もしかしたら蹴っていた自分の足も痛かったのかもしれない。

Uインターとの抗争で忘れもしないのは、96年1月4日の東京ドーム大会で武藤さんが髙田さんに敗れて、IWGPヘビー級王座を奪われた時だ。この試合後、越中さんはリングに上がって髙田さんに挑戦を表明したのだが、興奮が収まらないのか、とんでもないことを言い出した。

「彰俊、今から練習するぞ!」

私は断る立場になく、越中さんと一緒に等々力不動尊へと向かい、闇夜の中で階段ダッシュを繰り返した…。

私が新日本プロレスを退団した理由

この時期、Uインターとの抗争が始まったり、97年には蝶野さんがｎＷｏジャパンを始めたこともあって、平成維震軍はあまり話題にならなくなり始めた。それと同時に、私も自分の人生を考え始めるようになる。

新日本に本格参戦して以来、これまでも何度か「転機」につながりそうな話はあった。

私は93年6月2日に高松市総合体育館大会で橋本真也さんとシングルマッチを行っている。ご存じの通り、橋本さんは蹴りを得意としていた選手だが、とにかくあの体重だから、その衝撃は凄まじかった。

私の左腕の中には本来の骨以外に、「別の骨」のようなものがある。凄まじい衝撃で内出血すると、その血液の中に入っているカルシウムが身体の中に吸収されず、骨化してしまうらしい。医者によれば、走っている車のバンパーにぶつからないと、こういう状態にはならないという。

私の腕の中にできた骨は、橋本さんの蹴りを食らってできたものだ。つまり、その威力は交通事故に匹敵していたということである。

内出血した時は、入場時にファンに触られただけでも痛かった。それを知った佐々木健介さんが「そういう時はカールをやれば治るんだよ」とアドバイスしてくれたが、実際にやってみると余計に悪化してしまった。結局、「別の骨」は未だに私の腕の中にある。

その橋本さんから、「お前、本隊のほうに来て、イチからプロレスを勉強しろよ」と声をかけてもらったことがあった。

また、時期は忘れたが、永島さんから飯塚さん、サムライさんと3人でユニットを作ったら面白いんじゃないかと言われたこともある。飯塚さんもサムライさんも私もほぼ同世代だから、組ませたらちょうどいいと思ったのかもしれない。結局、この案も誰かの反対によって実現しなかった。

他にも正式なものではなかったのかもしれないが、アメリカの団体からオファーらしきものもあった。これも永島さんから教えてもらった話で、どうやら私の「空手スタイル」に興味を持ったようだ。

しかし、その当時はどうしても平成維震軍から離れる気になれなかった。単発ではなく、かなり長期でアメリカへ行くというプランだったので、私の中ではあり得ない話だった。

当時の私の人生の基盤は、やはり平成維震軍だった。維震軍なくして、プロレスも自分の人生も考えられない。そんな思考だったので、橋本さんからの話にしても、永島さんからの様々なプランにしても受け入れられなかった。

しかし、時が経つにつれ、私の心は次第に揺れ動き始めた。それは97年に入った頃だったと思う。

先行きが全く見えない状態で新日本に殴り込んだ時に比べ、確かに安定した生活を送れるようになっていた。

だが、そんな日々を送りながら、自分の中で疑問が生じ始めた。そもそも私が憧れていたプロレスラーとは、会社の命令を何でも飲むような人間でも、何も考えずにただ会社に残っているような人間でもない。

新日本に殴り込んだ時のハングリー精神が次第に薄らいでいたのは、自分でも分かっていた。「齋藤彰俊の生き様」を考えた時に、このまま維震軍の中で安定してプロレスをやっていてはファンに対しても嘘をつくことになる。

「一度プロレスから離れるべきではないのか？」

プロレスとは全く違うことをやってみて、そこで成功したら、またプロレスに戻る——。そんなことを考えながら、私はその後の2年間を過ごした。

そして、98年も後半に入り、私のプロレス人生の中でもキーポイントとなる試合が組まれた。対戦相手は、総合格闘家のドン・フライである。

フライはUFCの元チャンピオンという肩書きを引っさげて新日本に参戦し、小川直也さんと抗争を繰り広げ、あのアントニオ猪木さんの引退試合の相手まで務めた選手だ。

私は、そのフライと肌を合わせてみたくなった。従来のプロレスとは違う試合で、誠心会館の一員として新日本に殴り込みをかけた当時のハングリー精神を呼び戻したいと思ったからだ。

9月21日の大阪府立体育会館大会で藤波辰爾さんと組み、フライ&ブライアン・ジョンストンとタッグマッチで対戦した後、10月18日の神戸ワールド記念ホール大会ではシングルマッチを組んでもらえた。
試合前は久々に感情が昂ぶったし、試合中には久々に痛い思いも、きつい思いもした。

フライ戦を終え、自分の中で何かが吹っ切れた。そして、私は退団を決意する。

年が明けて、長州さんにそのことを打ち明けた。99年1月4日の東京ドーム大会は、あの大問題になった橋本さんと小川さんのシングルマッチがあった時である。だから、新日本の中もちょうどバタバタしていた。

「本当はもうちょっといろいろやらせたいけど、会社も大変だからな。ただ、今のお前だったら何でもできると思うぞ」

長州さんは、そう言ってくれた。

選手たちに退団を伝えた時、獣神サンダー・ライガーさんからは「ハングリー精神もいいけど、自分だけじゃなくて家族のことも考えろよ」と言われた。その言葉は確かに響いた。

しかし、自分の意志は曲げたくなかった。

ちなみに選手会からは選手が辞める時に功労金的なものをくれるという慣習があったのだが、私の時はとある事情で1円ももらえなかった。その代わりではないが、保永昇男さんから、「頑張れよ」と寸志をいただいた。

契約更改の時に、当時の社長の坂口征二さんと取締役の倍賞鉄夫さんに退団したい旨を正式に伝えた。当時の契約更改では、1年間頑張った人間には給料とは別途でご褒美を出していたのだが、私が「辞めます」と言った瞬間、それをスーッと引っ込められてしまった。このようなシビアな体験をさせてもらったことも、今ではいい思い出だ。

こうして私は青春そのものと言っていい平成維震軍を、そして新日本プロレスを離れた。その1カ月後、平成維震軍も解散する。

「彰俊がいないと、ちょっと意味が違うんじゃないか？」

解散発表の記者会見で、残ったメンバーの方たちはそんなことを言ってくれたらしい。それを知った時は申し訳なくも思ったが、退路を断った私はすでに新たな一歩を踏み出していた。

平成維震軍は「商店街のオヤジの集まり」

新日本を辞めた後、私はバーを開業することにした。しかし、ただ開いても仕方がない。ハングリー精神を取り戻すことが目的だから、不動産屋にはある注文をつけた。それは「絶対に繁盛しない場所」を見つけてもらうことだった。

そんな土地でバーを開業し、繁盛させたらプロレスに戻る。それが私の考えたプランだった。しかも、「平成維震軍の齋藤彰俊」という名前は利用しない。これも私が自分に課した試練だった。

確かに私がバーを開くと聞けば、プロレスファンも来てくれるだろう。マスコミの人たちも宣伝に協力してくれるかもしれない。だが、それでは本来の「ハングリー精神を取り戻す」という目的から外れてしまう。私の目的はハングリー精神を取り戻して再びプロレスに戻ることであり、事業家になることではなかった。

当初は、うまくいかなかった。朝から産業廃棄物処理のトラックを運転し、夕方に帰ってきて、夜はバーを営業する。来る日も来る日も、これを繰り返した。その結果、何とか成功と呼べるところまでこぎ着けた。

そして、私はプロレスに復帰することを決意する。青柳館長の誘いに応じて、2000年10月からプロレスリング・ノアにフリー選手として参戦し、その後には正式に所属することになった。先ほども書いたように一度は退団したが、今は戻って再び所属選手である。

私がプロレスに復帰して数年後、2006年には平成維震軍も復活した。レッドシューズ海野レフェリーが中心となって7月27日に開催したWARのファイナル興行には、私も出場している。

そして、最近では『プロレスリング・マスターズ』などで年に数回は必ず平成維震軍としてリングに上がっている。

平成維震軍は小林さんが発火点となってできあがったユニットだが、ほとんどが「偶然の産物」と言っていい流れで形成されていったという点が特筆すべきところだろう。

こんな話がある。昔はウイスキーの色は透明だった。1707年頃にイングランドとスコッ

トランドが合併すると、その時からスコットランドの蒸留所には税金が課されるようになり、それがどんどんと釣り上がっていったという。

そのためスコットランドの蒸溜所はウイスキーを密造せざるを得なくなり、シェリー樽に入れて様々な場所に隠していた。その樽に入れた影響によって、ウイスキーは現在のような琥珀色になったそうだ。その後、ウイスキーには樽に入れて熟成させるという工程が加わる。

平成維震軍も同じだと思う。最終形は、初めに小林さんなり越中さんが考えていたこととは違うものだったのかもしれない。しかし、様々な要因が重なって、ナチュラルに展開が転がり、結局できあがったのが反選手会同盟であり、平成維震軍だった。

普段からベタベタするような関係ではないが、唯一頻繁に会う師匠のカブキさんは「維震軍の時代ほど面白いものはなかった」と言っている。あれほどのキャリアを持つ人がそう言うのだから、やはり長いプロレスの歴史の中でも稀有なユニットだったのではないだろうか。

蝶野さんが立ち上げたnWoジャパンはオシャレな軍団だったが、それに対して平成維震軍は「商店街のオヤジの集まりだ」と言われたことがある。その泥臭さが今でも支持を受けている理由なのだとしたら、それはそれで満更でもない。

第3章

越中詩郎

越中詩郎

Shiro Koshinaka

1958年9月4日生まれ、東京都江東区出身。身長185cm、体重105kg。1978年に全日本プロレスに入門。1979年3月5日に、園田一治(ハル薗田)を相手に館山市民センターでデビューを果たす。1983年には『ルー・テーズ杯争奪リーグ戦』に優勝し、後輩の三沢光晴と共にメキシコ遠征へ出発。その後、1985年に坂口征二に誘われて新日本プロレスに移籍。1986年には初代IWGPジュニアヘビー級王者となり、UWFから戻ってきた高田延彦とジュニア版名勝負数え唄と称される激闘を展開する。1987年に『第1回トップ・オブ・ザ・スーパージュニア』で優勝を果たした後、1989年にヘビー級に転向。1992年には誠心会館との抗争を経て、反選手会同盟(後の平成維震軍)を結成し、リーダーとして一大ムーブメントを巻き起こした。1998年には天龍源一郎と組んでIWGPタッグ王座を戴冠。維震軍解散後は本隊に戻って活躍を続けていたが、2003年に新日本を退団し、長州力が旗揚げしたWJプロレスに移籍。WJ 崩壊後は、フリーとして様々な団体で活躍を続けている。

俺が全日本プロレスから新日本プロレスに移籍したのは、１９８５年のことだった。その翌年にはザ・コブラとの決定戦を制して初代ＩＷＧＰジュニアヘビー級王者になり、ＵＷＦ勢の一員として参戦していた髙田延彦（当時は髙田伸彦）という好敵手を得ることもできた。この時期にはＵＷＦ勢との抗争の中で、ジュニアながら武藤敬司と組んでＩＷＧＰタッグ王座にも就いている。

88年に開催された『第1回トップ・オブ・ザ・スーパージュニア』でも優勝し、俺は毎日プロレスに没頭しながら、人生を謳歌していたかもしれない。

だが、時代が昭和から平成に変わり、俺が置かれている立場は大きく変わっていた。ＵＷＦ勢が新日本のリングから去った後、俺はヘビー級に転向したものの、ジュニア時代のような充実感は得られていなかった。

窓際に追いやられている――。そんな状況に俺自身、不貞腐れていた部分があったことは否めない。

この時期、マッチメーカーを務めていた長州力さんとは、水と油の関係だった。会話らしきものを交わした記憶もなく、そもそも俺としては長州さんが何を考えているのかも分からなかった。

時には地方の会場で怒鳴られることもあり、当時取材していた記者によると、「俺は天龍さんに誘われたら、いつでもＳＷＳに行くよ」と言っていたらしい。

本当に行くつもりで口にしたわけではないと思うが、実際にＳＷＳ側の人間から誘いを受けたことはあったから、非現実的な話でもなかった。

控室で「次はお前が行け」と言われた日

ジャイアント馬場さんにメキシコ修行へ出されたまま放置状態だった俺を新日本に誘ってくれたのは、坂口征二さんだ。俺の後には同じく全日本所属ながら、会社を頼ることなくアメリカやカナダを転戦されていた先輩のケンドー・ナガサキこと桜田一男さんも坂口さんに誘われて、新日本に参戦してきた。

この時期、坂口さんは新日本の副社長であると同時に、現場責任者としてマッチメークやブッキングといった業務もこなしていた。俺が移籍早々、活躍できたのは、その坂口さんが何かとチャンスをくれたという部分も大きいのだろう。その後も坂口さんのことは信頼していたし、コミュニケーションも取れていたと思う。

だが、ジャパンプロレス解散後、新日本に戻ってきた長州さんが現場を仕切るようになると、これが遮断されるようになってしまう。坂口さんは政界に入った猪木さんに代わって社長となり、現役も引退したので巡業についてくることもなくなった。

人生には当然、波がある。当時は闘魂三銃士という新しい力が台頭してきた時期だったので、俺にとって「いい時期」ではなかったということなのだろう。

しかし、それは40年のキャリアを積み、いろいろな人生経験を積んだ今だからこそ理解できる話で、まだ30歳を過ぎたばかりだった俺は不貞腐れる以外に自分の感情を表す術を持っていなかった。

この時期、俺と同じような状況に置かれていた選手たちの中に小林邦昭さんがいた。

小林さんは知っての通り、『ワールドプロレスリング』の視聴率が20%を超えていた時代に〝虎ハンター〟として初代タイガーマスクと抗争し、大ブレイクした人である。しかし、その頃はやはりヘビー級に転向した後で、メインクラスの試合から外れ、興行の前半に出ていることが多かった。

だが、小林さんはただ不貞腐れていた俺とは違い、もう一度浮上する方法を頭の中で考えながら、虎視眈々と機会を伺っていたのだと思う。

そんな小林さんが仕掛けたのは、91年がもうすぐ終わろうとしていた12月8日、舞台は後楽園ホールだった。

青柳政司、当時の俺は「青柳」と呼び捨てにしていたが、今は親しみを込めて「館長」と呼んでいるので、ここでは館長と書かせてもらう。彼は誠心会館という道場を経営する正真正銘の空手家だが、89年頃からプロレスの世界に進出し、当時は新日本のリングを主戦場にしていた。

館長はこの日、付き人として会場に弟子を連れてきた。その弟子のドアの閉め方が小林さんは気に入らなかったらしい。怒鳴りつけて注意したものの、相手の態度に腹を立てて、最後はぶん殴ったという。

俺は、そのシーンをこの目で見たわけではない。話を伝え聞いて、他の選手と同様に「何か揉めたんだな」くらいにしか思わなかった。

ところが、これをきっかけに小林さんと誠心会館の抗争が始まった。俺は部外者だったから傍観していたが、年明けの92年1月4日、東京ドーム大会で誠心会館の門下生を引き連れた齋藤彰俊が挑戦状を読み上げた時の光景は憶えている。

彼らがリングに上がった時、地鳴りのようなブーイングが起きた。ヒールのレスラーでも、あれほどのブーイングを浴びることはなかなかないだろう。おそらく長州さんはこの時、誠心会館勢に対して「こいつらは使える」と手応えを感じたのではないだろうか。

その後、1月30日に大田区体育館で小林さんは彰俊の挑戦を受ける形で異種格闘技戦を行った。

俺なりに解釈すれば、小林さんが館長の弟子を殴りつけたのは、本当に憤慨していたのかもしれないが、そこにもう一つの意図があったと思っている。よく言われることだが、プロレスは一人ではできない。新日本のリングで再浮上するためには、相手が必要だ。そこで白羽の矢を立てたのが館長率いる誠心会館だったのではないだろうか。

小林さんと彰俊の試合は、全試合終了後に非公式的な形で行われた。この扱いを見て、俺は会社側の「やりたいなら、勝手にやれ」、「しくじっても、お前の責任だぞ」という意思を感じた。長州さんにしても、まだまだ誠心会館に対して「どこまで使えるか?」と半信半疑だったのかもしれない。

この日、俺は控室に残ることにした。当時、俺は選手会の会長、小林さんは副会長を務めていて、仲が良かったというのもある。だが、そうした理由とは関係ない部分でも「残っていたほうがいいな」という気持ちが働いた。これはプロレスラーとしての嗅覚と言ってもいい。

大田区体育館の控室にテレビモニターはなかったから、試合がどういう内容だったのかは分からない。しかし、会場の歓声は控室まで聞こえてくる。その時、これまでに経験したことのない〝異様な雰囲気〟が歓声を通して伝わってきた。

もちろん、そこには怒声や罵声も混じっていた。それを聞きながら、俺は心の中で「小林さんが何か凄いものを持ち帰ってきてくれるのではないか…」と感じていた。

この時、控室には俺以外にもう一人いた。

長州さんである。現場監督として長州さんも小林さんと彰俊の試合に何かを感じ取ったようだった。

小林さんの試合が終わると、俺に向かってこう言った。

「次はお前が行け」

その言葉を聞いて、俺は頷いた。長州さんに言われなくても、そのつもりだった。

「無期限出場停止」と「選手会脱退」

それから約1週間後の2月8日、札幌中島体育センターで彰俊と小原道由がやはり異種格闘技戦で対戦した。本来ならば、小林さんが彰俊と再戦する予定だったのだが、先の試合で負傷してしまったため、まだデビューして1年半の小原が急遽、代役に抜擢された形だった。

メインイベントで組まれたこの試合で、小原は彰俊のハイキックの前にKO負けを喫している。興行が終わってホテルに戻ると、小原の姿を見かけた。どうやら、夜のすすきのに繰り出すつもりらしい。

どこの巡業先でもそうだが、試合が終われば選手たちは夜の街に繰り出す。特に札幌は誘惑が強い。どの選手もホテルに帰るとカバンを放り出して、すすきのへと足を運ぶのが慣例だった。

小原もそのつもりだったのだろうが、彰俊との試合で大流血しており、とても酒を飲みに行けるような状態ではないはずだ。

気になった俺は、小原に声をかけた。

「ちょっと部屋に入っていいか？」

ドアを開けると、床には血に染まって真っ赤になったバスタオルが何枚も放り捨ててあった。

「お前、今まで何やってたんだ？」

「いやあ、血が止まらなくて…。でも、大丈夫です」

「バカ野郎、どこが大丈夫なんだ！　すぐに病院へ行け！」

俺はたまたま通りかかったネコちゃんことブラック・キャットに「救急車を呼んでくれ！」と頼んだ。小原はそのまま札幌市内の病院に搬送されたが、あのまま酒を飲みに行っていたら、とんでもないことになっていただろう。もっともそれくらい肝の据わった奴だったから、後に平成維震軍に合流した時は頼りになる存在だった。

話を戻そう。彰俊と小原の試合があった2日後、いよいよ俺の出番となった。

2月10日、名古屋レインボーホールで俺は小林さんとタッグを結成し、誠心会館の彰俊&田尻茂一と対戦した。

試合前、珍しく長州さんが俺と小林さんを自分の控室に呼んだ。

「必死にやってくれ」

正確な言葉は憶えていないが、そういった意味のことを俺たちに言ってきた。長州さんからそんなことを言われたのは、この時が初めてだった。

長州さんは、選手たちに対して多くは語らない。その口から出た短い言葉を自分たちで解釈する。それが当時の新日本プロレスだった。この時、俺には「相手に合わせることはないぞ」

という意味に聞こえた。

もしかしたら、長州さんは現場監督として相手の誠心会館勢にも同じようなことを言っていたのかもしれない。もしそうだとするなら、この抗争に手応えを感じ始めていたはずだ。そうでなければ、俺たちに対して言葉をかけてくるはずがない。

事実、この日の会場には客がたくさん詰めかけた。後日、名古屋の富野徹三さんという有名なプロモーターに聞いた話では、自分が手掛けた興行の中で、この日が一番入ったそうだ。

確かにプロレスの場合は、会社側が流れを作ることもある。闘魂三銃士などは、その典型だ。だが、ファンが食いついてこなかったり、すぐに飽きてしまったら話にならない。長州さんは、そういったことに人一倍敏感だった。

この時の誠心会館との抗争も客の反応が悪くなったら、いつでも終わりにする腹積もりだったはずである。再浮上のきっかけを掴んだ小林さんにしてみれば、ここで終わらせるわけにはいかない。それは俺自身も同様だ。そういう意味では、俺と小林さんは毎試合、綱渡り状態だったと言っていい。

自分で言うのも何だが、結果として誠心会館との抗争は異常なまでに盛り上がった。俺自身、試合をしながら手応えを感じていたし、専門誌や『ワールドプロレスリング』でも大きく取り上げてもらった。

だが、抗争が終わった後、選手会の会合で俺と小林さんは会長と副会長を解任される。この時、中心になって動いていたのは蝶野正洋、橋本真也、馳浩だった。そして、新たに会長には蝶野、副会長には野上彰が選出される。

誠心会館と抗争していた時から、若い連中のやっかみのような視線を感じていたのは事実だ。彼らにすれば、これからは自分たちの世代がリング上の中心となっていくという流れにあった中で、俺たちベテランがそれを食うような試合を繰り広げ、ファンの注目を一気に集めたことが気に食わなかったのだろう。今になってみれば、その気持ちも分からないでもない。

この時、彼らは俺と小林さんだけでなく、会社側に対しても「選手会のあずかり知らないところで、勝手なことをやっている」と不信感を抱いていたようだ。だが、俺たちにしても、また元の鞘、つまり興行の前半でテーマのない試合をするようなポジションに戻るつもりはなかった。

6月16日、新日本の取締役だった倍賞鉄夫さんが記者会見を開き、俺と小林さんの無期限出場停止を発表した。これには「してやったり」という気持ちだった。なぜなら、会社が絡んできたからである。そもそも会社のお偉いさんである倍賞さんが会見を開くこと自体、稀なことだった。

倍賞さんの言動からは、〝続き〟をやる意思が見て取れた。会社の上層部の人間まで出張ってきたということは、裏を返せば俺たちが〝売り物〟として認められたということだ。

言われなくても、自分たちがやるべきことは分かっている。俺と小林さんは4日後の6月20

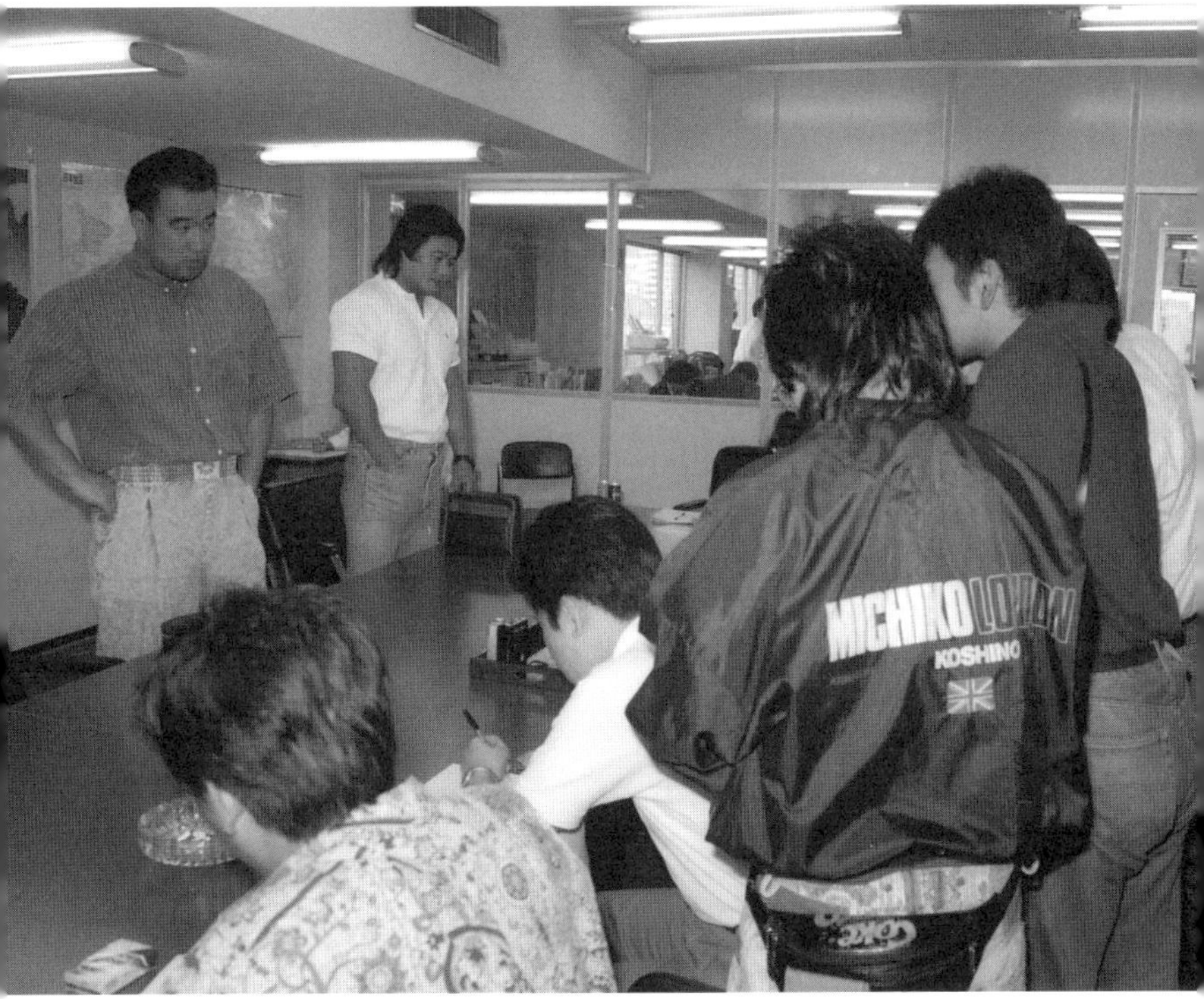
MICHIKO
KOSHINO

日、後楽園ホール大会に自ら足を運び、蝶野たちに選手会脱退を告げた。

「天龍のところに行くと言え」

7月17日、新日本は記者会見を開き、俺と小林さんの無期限出場停止処分の「解除」を発表した。そして、同月31日の札幌中島体育センター大会で早くも俺は新選手会長の蝶野、小林さんは馳とシングルマッチを行うことになった。

だが、小林さんは俺、蝶野、馳も出席した17日の会見に姿を現さなかった。当時は体調不良と発表されていたが、実は大腸ガンを患っていることが発覚したのである。

病名を聞いた時は、本当に驚いた。レスラーというよりも人間としてこの先どうなるか分からない病気だったから、小林さんは緊急入院し、しばらくの間、リングから離れることになった。こんなタイミングで欠場となってしまい、本当に無念だったと思う。

俺自身、これを一人で進めていいものなのか迷うところだった。説明するまでもなく、この流れを作りだしたのは小林さんだ。その小林さんがリングに戻ってきた時にポシャっていたら、あまりにも申し訳ない。

だが、乗りかかった船だ。せっかく会社まで巻き込んだのに尻切れトンボになったのでは、俺としても悔やむに悔やみきれない。

俺は札幌のリングにスキンヘッド姿で上がった。これは俺なりの覚悟を示すためだ。だが、これには笑い話がある。頭を剃り上げた後、いつものように多摩川の土手をランニングしていたら熱中症になってしまったのだ。

「髪の毛って大切なんだな…」

人生の中で、初めてそう実感した瞬間だった。

それはさておき、蝶野とはこの後も幾度となくやり合うことになるが、三銃士と呼ばれた武藤や橋本に対しても俺は常に「面白くねえな」という気持ちだった。会社は彼らをレールに乗せてリング上の中心にしようとしていたが、俺から見れば年下の若造でしかない。

そういう感情は同時期に台頭してきていた馳や佐々木健介たちに対しても持っていた。依然として、上には長州さんや藤波辰爾さんがいる。その間に挟まっている形の俺たちは、また窓際に追いやられてもおかしくない状況だった。

そこに危機感を覚えたからこそ、小林さんも動いたわけだし、俺も乗っかった。そして、この流れにもう一人、まずい飯を食っていた人間が加わる。それが木村健悟さんだ。木村さんは藤波さんのライバルとして注目を浴びていた時期もあったが、この頃は以前の俺や小林さんと同じように前座でお茶を濁す日々が続いていた。

だから、小林さんも木村さんに目をつけたのかもしれない。木村さんは俺たちと選手会が揉め始めると、仲裁役という形で関わり始めた。

ハッキリ言ってしまえば、俺は誰が加わろうと、戦力としてアテにするつもりはなかった。何度も言うように客に飽きられれば、長州さんの「お前ら、ご苦労さん」という一言で、全てが終わってしまう。失敗すれば、元のポジションに戻るどころか、さらに扱いが悪くなるかもしれない。そんなリスクもある中で木村さんがこちらに加わったということは、「今、動かなければ、俺は終わる」と感じたからだろう。

さらに誠心会館の館長と彰俊も俺たちに加わり、反選手会同盟が誕生するわけだが、さらなる展開が俺たちを待ち受けていた。

「天龍のところに行くと言え」

この長州さんの一言で、俺たちの新たな舞台が決まった。この時もそれ以上の説明はなかったし、俺も余計な言葉は口にしなかった。

全日本の諸先輩方と俺の関係

反選手会同盟が乗り込むことになったWARは、俺にとって全日本プロレス時代の先輩だった天龍源一郎さんが旗揚げした団体だ。ここで天龍さんと俺の関係を少し説明しておこう。

俺が全日本に入った頃、天龍さんとこんな会話を交わしたことがある。

「お前、音楽が好きなんだってな？　これ、いいから聴いてみな」

当時、天龍さんはまだアメリカと日本を行き来していた時期で、向こうで買ってきたカントリーミュージックの有名な歌手ケニー・ロジャースのレコードをプレゼントしてくれた。

「へえ、天龍さんって、こういう音楽を聴くんだ」

そして、天龍さんはシリーズが終わると、すぐにアメリカへ戻った。実は若手時代の接点らしい接点といえば、これくらいしかない。

だが、俺は当時からザ・グレート・カブキさん、桜田さん、佐藤昭雄さん、そして天龍さんのように、日本に帰ってきても会社に媚を売ることもなく、向こうのプロモーターに呼ばれれば、カバン一つでどこへでも行く先輩たちの姿を見て、「これがプロレスラーだ」、「これが俺の商売なんだ」と憧れにも似た気持ちを抱いていた。

天龍さんとは俺が全日本を離脱する時にもエピソードがある。

いろいろなところでさんざん語ってきたことだが、85年7月、新日本への移籍を決めた俺は坂口さんに「殴られてこい」と言われ、馬場さんに筋を通すべく全日本の興行が行われる青森県三沢市に向かった。

この時、あくまで移籍を認めない馬場さんに対して、その場でとりなしてくれたのが天龍さんだった。さらに「お前、金はあるのか?」と1万円の札束を無造作に俺のポケットに押し込んでくれた。

そんな恩人でもある天龍さんの団体に乗り込むことになったのも何かの縁だろう。この俺たちとＷＡＲの抗争にしても、一番意識していたのは新日本の本隊の連中だったと思う。誠心会館と抗争していた時と同じで、スポットライトを浴びるのは俺たちだ。

「こいつら、失敗して帰ってこねえかな」

そんな視線を常に感じていた。誰かが失敗すれば、その代わりに浮上する奴がいる。当時の新日本は、そんな生き馬の目を抜く世界だった。

天龍源一郎というビッグネームとは、誰だって絡みたい。その一番近い場所にいたのが俺たち反選手会同盟だったから、本隊の連中がやっかむのも無理はない。だからこそ、俺たちも絶対に失敗はできなかった。下手を打ったら、次に手を挙げる奴らがすぐ後ろで待っている。

それは旗揚げしたばかりだったＷＡＲの連中も同じだった。新日本と事を構えたはいいが、失敗したら後はない。

だが、お互いにそういう気持ちを試合にぶつければ、観ているファンのほうも熱くなるものだ。横浜、札幌とＷＡＲの２大会に出た後、今度は後楽園ホールに乗り込んだ。この時は、テレビ朝日もやってきてＷＡＲの大会を『ワールドプロレスリング』で中継するという前代未聞の盛り上がりとなった。

木村さんと俺が組んで、天龍＆北原辰巳と対戦したのだが、とにかく観客のエキサイトぶりが凄まじく、木村さんは地下の駐車場に止めていた車に傷をつけられたほどだった。

そして、ＷＡＲとの抗争が盛り上がる中、俺たちに頼もしい助っ人が加わった。憧れの先輩の一人だったカブキさんである。

先ほども述べたようにカブキさんとは全日本時代の先輩後輩という間柄になるが、下っ端だった俺が気軽に話しかけられるような存在ではなかった。逆にたまに日本に帰ってきた時には俺の試合を観てくれていたのだが、毎回のように怒られた記憶がある。

ある日、試合でドロップキックを出した時だった。バックステージに戻ると、カブキさんは烈火の如く怒った。

「お前、何であそこでドロップキックをやったんだ！　そういうことじゃないだろ。腕や足を取ったり取り返したり、そういう攻防することが今のお前のやるべきことなんじゃないのか？」

カブキさんに一番怒られたのはブルドッキング・ヘッドロックを出した時で、「何だ、あれは！」とリングから帰ってきた瞬間に怒鳴りつけられた。カブキさんは基礎を非常に大事にする人で、要は「そんな派手な技を使うのは10年早え！」ということである。だが、今になって振り返れば、カブキさんから直々に基礎の大切さを教わったのは貴重な経験だったと言える。

この時代に参ったのは、興行が終わった後だ。巡業中、旅館に泊まると宴会が始まる。こうなると、俺たち下っ端は眠れない。しかもカブキさんを筆頭に、グレート小鹿さん、大熊元司さん、桜田さん、ロッキー羽田さんと全日本の諸先輩方は酒が強い人ばかりだった。

下っ端に個室が与えられることはなく、俺たちが寝るのは大広間。ところが、その大広間で宴会が始まるのだから寝られるわけがない。酒を浴びるほど飲ませられ、極度の二日酔いの状態で朝を迎え、次の会場に向かう。巡業に出れば、その繰り返しだった。

さらに酒が切れると、真夜中に「酒屋を起こして買ってこい!」と大熊さんが無理難題をふっかけてくる。だが、当時はコンビニなどない時代だ。手ぶらで戻ってくると、「何で買ってこねえんだ!」と拳骨を食らわされる。

キツいのは巡業中だけではない。シリーズ開幕前には選手が砧の合宿所に集まって、ちゃんこ会というものが開催されるのだが、これも嫌だった。馬場さんもジャンボ鶴田さんも来ないから、先輩方はタガが外れたように飲みまくる。

次の日から試合だから、こちらとしては先輩方に早く帰ってほしいのだが、そんな素振りは一切できない。大熊さんに至っては、酔っ払って玄関に置いてある自分のブーツに小便をしてしまう。その後始末も俺たちの役目だった。

ある時には、小鹿さんから朝の4時に築地に呼び出された。イワシを大量に買って、つみれのちゃんこを作れというのだ。小鹿さんには、ジョニ黒1本を一気飲みさせられたこともある。そんな理不尽なことばかりしていた小鹿さんも今ではいいオヤジのように振る舞っているから、「ふざけんな!」という思いは募るばかりだ。

カブキさんも酔うと目が据わってくる。今では普通に会話を交わせるようになったが、当時はとにかく怖いなんてものじゃなかった。

そんな諸先輩方が荒れ狂っていたのには理由がある。年功序列が厳しかった時代に、それを一気に飛び越えてしまった人間がいたからだ。それがジャンボさんである。だから、ジャンボさんもそういった先輩方にはあまり近づかないようにしていた。

いくら不平不満があったにしても、馬場さんにそれをぶつけるわけにはいかない。そこでストレス発散とばかりに酒を飲みまくり、俺たちに当たり散らすのだ。

だから、若手時代に何がキツかったかと聞かれたら、練習や試合よりもオフの時間が何倍も嫌だった。地方に行くと、地元の人たちからビールや日本酒といった差し入れがある。そうすると、酒好きの大熊さんは「これは全部飲まなきゃいけないな」とニッコリ笑う。

「えっ、これ全部飲むの？」

そんな量を一晩で本当に飲み尽くすのだから恐ろしい。

大木金太郎さんの手伝いをしていた時も、ガウンを畳んだら折り目が悪いと叱られ、5キロのダンベルで殴られそうになった。こんな経験も全て身になったと信じたい…。

全日本時代の話を始めると止まらなくなるので、話をカブキさんに戻そう。当時、WARに所属していたカブキさんが反選手会同盟に合流したのは92年11月17日、福井県鯖江市でのことだった。

俺たちのほうから誘ったわけではない。この時も突然、長州さんから「カブキが今日来るから、一緒に並んで会見をやれ」と言われた。

「カブキさん？　しかも、こんな田舎に何しに来るの？」

俺の頭の中には、疑問符しか浮かばなかった。相変わらず長州さんから他に説明は一切なく、こちらはその先を想像して自分で処理しなければならない。だから、時にはコメントでチグハグなことを言ってしまうこともある。だが、そんなものは試合で取り返せばいい。

とはいえ、最初は不安だった。俺には全日本時代のあの目が据わった怖いイメージがある。大先輩だし、ろくに会話をしたこともない人だから、どう接していいのか分からなかった。

そこで欠場中だった小林さんに電話で相談すると、「えっ、カブキさんが合流する？　やりにくくなるんじゃないの？」とやはり心配していた。

カブキさんは日本プロレスでデビューした人だし、俺たちの中で一番キャリアの長い木村さんにとっても先輩なのだ。ところが、鯖江の宿舎で開かれた会見の時、カブキさんは俺たちのことを「越中さん」、「木村さん」とさん付けで呼んできた。

これには面食らったが、さらに驚いたのは初めて試合で絡んだ時だ。12月1日の千葉公園体育館大会がカブキさん合流後の初試合になる。カードは俺と木村さん、カブキさんというチームで、藤波さん、蝶野、飯塚孝之との6人タッグマッチだった。

ここでカブキさんが初っ端から、藤波さんにかましてくれた。

「これは行ける！」

不安から一転、藤波さんとバチバチやり合う姿を見て、俺は「どういう経緯か知らないけど、カブキさんの反選手会加入を考えた奴は冴えてるな！」と心の中でガッツポーズを取っていた。

異例中の異例だった天龍さんとの一騎打ち

92年12月14日、俺にとってこの年の集大成とも言うべきカードが組まれることになった。天龍さんとの一騎打ちである。しかも舞台は大阪府立体育会館という大会場のメインイベントで、新日本の年内最終戦でもあった。

年の最後を反体制派の俺と他団体の天龍さんが飾る。しかも、俺も天龍さんも全日本出身だ。新日本のリングでこのようなカードが年内最終戦に組まれること自体、異例な出来事と言っていいだろう。

後から聞いた話だと、当日まで試合順を巡って揉めていたらしい。何もかも異例づくしのメインイベントに対して、本隊の連中が面白くないと思ったのも当然のことだ。

中でも「越中vs天龍がメインというのはおかしい」と主張していたのは馳だったという。彼にしてみれば、年内最終戦は本隊の選手が最後を締めなければいけないという思いがあったのかもしれない。だが、長州さんと共にマッチメークを担当していた永島勝司の「この通り行け!」という一言で、俺たちのカードは予定通りメインで行われた。

年明けの1月4日、東京ドームで長州vs天龍というビッグカードが組まれているにも関わらず、当日は超満員だ。この時、俺が「やってやるって!」と言ったかどうかは定かではないが、とにかく気合いが入りまくっていたことは間違いない。

それにしても、天龍さんはやはり強烈だ。蹴りはシューズの紐の跡が残るくらい思いっ切り、しかも頭に入れてくるから、こちらは脳震盪を起こさないように必死にガードするしかない。チョップにしても、喉元を狙ってくる。構えただけで、「ああ、胸を狙ってきてないな」と分かるのだ。

結果として試合には負けてしまったが、マサ斎藤さんから「こんなにいい試合をしちゃったら、ドームはどうするんだ」と言われたのを憶えている。だが、俺にしてみれば「この程度は、なんてことないですよ。もっといい試合ができましたよ」と思うくらいの余裕が残っていた。

しかし、反選手会同盟自体は早くもボロボロだった。この時点で館長は靭帯を断裂して松葉杖を突いていたし、彰俊も膝を痛めていた。木村さんも脳震盪を起こして欠場しており、五体満足なのはカブキさんだけ。さながら、野戦病院のような状態だった。

この天龍戦の後、俺は当時『週刊ゴング』の新日本担当記者だった金沢克彦くんに「カブキさんも入ってきたことだし、そろそろ反選手会同盟じゃないと思うんだよね。新しい名前にしたいんだ」と相談を持ちかけた。

この時、俺たちの中では「平成維新軍」という名前が候補に浮上していた。ちょうどこの年に有名な経営コンサルタントの大前研一氏が政治団体『平成維新の会』を結成しており、小林さんがテレビを観ていて思いついたようだ。

かつて長州さんたちと維新軍をやっていた小林さんらしい発想だが、「平成維新軍」では「平

成維新の会」とあまりにも名前が被ってしまうので俺自身は嫌だった。『週刊ゴング』の記事の中で「反選手会同盟は来年から平成維新軍として出発するだろう」とも書かれたが、この改名問題はひとまず持ち越しとなり、俺たちは反選手会同盟のまま93年も走り続けることになる。

俺が館長と彰俊に望んでいたこと

ここで館長と彰俊についても、俺の正直な思いを綴っておこう。彼らとは組むことになったからといって、馴れ合いになるのは嫌だった。俺が2人に対し、口を酸っぱくして言っていたのは「常に緊張感を持ってくれ」ということだった。

俺たちは反選手会同盟という一つの勢力となり、WARとの抗争で最前線に立ったことにより注目を浴びる存在となった。

だが、そのいい流れがいつまで続くかは分からない。現に1年前の時点で、俺は新日本の中で燻っていた。プロレスの世界で上がるのは大変だが、下がるのはあっという間だ。それを俺は身をもって体験している。

何度も言うようだが、ファンが俺たちに飽きたらおしまいなのだ。だから、「毎日の一試合一試合が大事だぞ！　ちょっとでも気を抜いたら、俺たちは飯が食えなくなる。それだけは頭に入れておいてくれ」

そんなことを館長と彰俊に、いつも言っていた。

彼らにしてみたら、口うるさい存在だったかもしれない。しかし、それだけはプロとして肝に銘じておいてほしかった。ブームなんてものは、いとも簡単にポシャってしまう。試合については、仕方がない部分がある。なぜなら、彼らはプロレスに関しては素人同然だったからだ。もし試合がおかしな方向に行ったら、そこは俺や木村さんがカバーすればいい。

確かにシリーズが長丁場になると、気持ちがたるんでくる時もある。反選手会同盟に合流するまで、彼らはスポット参戦だった。それがいきなりフル参戦になり、WARの興行にまで駆り出されるのだから、息切れしても仕方ない。

だが、気が緩むと怪我にもつながる。だから、俺は厳しい口調で叱りつけることもたびたびあった。その一方で、カブキさんは彰俊に「次、頑張ればいいんだよ」とフォローしてくれていたらしい。

空手の技に関しては、それが彼らの個性なのだから、むしろ存分に活かしてほしかった。俺たちのように受け身が取れなくても当然だし、一つの興行で打撃中心のファイトをする奴らがいたら、それはそれで新鮮だ。

「余計なことは考えないで、自分がやるべきことを全力でやってくれ」

そんなことも、よく彼らに言っていたはずだ。

とにかく心配なのは、怪我をすることだ。プロだから、自分の身は自分で守らなければいけない。俺自身、入門当時に毎日500回くらい受け身の練習をさせられた。今も現役を続けられているのは、そのおかげだと思っている。聞いた話によると、カブキさんは彰俊に受け身の練習をさせてくれていたらしい。

新日本での試合になれば、本隊の連中は注目を集めている俺たちへのジェラシーをそのままぶつけてくる。毎日20分以上の試合をこなし、合間を縫って再びWARのシリーズに参戦すれば、今度は天龍さんが容赦なく頭を蹴飛ばしてくる。一度切れると、試合が続くから傷口がなかなか塞がらず、毎日のように流血だ。

プロだから「疲れた」とか「痛い」なんて言葉は禁句だし、当時は絶対に弱音を吐かないようにしていた。だが、本音を明かせば、その頃の俺は心底疲れ切っていた。

「俺は、いつ休めるんだ……」

地方に行くと、ついつい駅を探してしまう。

「ここから電車に乗って東京に帰れば、楽になれるだろうな」

毎日、そんなことばかり考えていた。だが、その一方で「どんなことがあっても、下に落ちたくない」と思うのもプロレスラーの性である。

俺は彰俊たちに、「理屈じゃないんだ！」とよく言っていた。客が帰る時に「反選手会は、面白いな！」、「今日も凄い試合をしてたな！」と思ってもらえないと、俺たちは生きていけない。この気持ちは平成維震軍が解散する時まで変わらなかった。

ところで、93年に入り、WARや新日本本隊に加えてスーパー・ストロング・マシン率いるレイジング・スタッフとも抗争を続けていく中で、俺たちは自主興行を行うことになった。

当時の新日本のリングは外国人選手も含めて、とにかく人数が多かった。逆に言えば、これらの選手たちを2つに分割しても十分に興行を打てるだけのタマが揃っていたということだ。

しかも、地方興行も連日にわたって満員御礼という状況で、こうなると営業サイドも欲が出てくる。そこで2班に分けて、それぞれがシリーズを組んで興行を打っていく。そして、ビッグマッチになると全選手が集結するという構想が生まれ、その実験の場として反選手会同盟の主催興行が企画されたというわけだ。第1回の興行は93年6月25日、『侍魂～サムライ・スピリット』と銘打って後楽園ホールで開催され、目玉は反選手会同盟vsWAR&レイジング・スタッフの5vs5シングルマッチだった。

話は前後するが、この年の2月には小林さんがガンという大病を乗り越えてリングに復帰している。戻ってきてくれた時は本当に嬉しかったし、その不屈の闘争心は俺たちにもいい刺激を与えてくれた。

そして、8月には反選手会同盟に小原が加わる。小原は誠心会館との抗争で彰俊と試合をした後、ヨーロッパへ修行に出て、前年11月に帰国していた。最近は連絡を取っていないが、プロレスは引退して仕事が順調だと聞いている。最後に会ったのは、『燃えろ！新日本プロレス』というDVDブックの取材の時だが、元気にしているだろうか。

さらに10月には後藤達俊がレイジング・スタッフを裏切って、俺たちの仲間に加わった。後藤ちゃんとは今は音信不通になってしまったが、いつか笑顔で再会したいものだ。

この93年の11月に俺たちは改名することになった。これは永島のほうからマスコミ各社に名前を考えてくれと依頼したという。そこで『週刊ゴング』の金沢くんが前に俺と交わした会話の中で出た「平成維新軍」という名前をヒントに、「新」の字を「震」に変えて「平成維震軍」と命名してくれた。

「維新」には「これあらた」という読み方もあるそうで、変革を意味する言葉だという。金沢くんは俺たちが「プロレス界に激震を呼ぶ」、「プロレス界を震撼させる」といった意味合いを込めて、命名してくれたらしい。新日本もこの名前を採用して、俺たちは気持ちも新たに再出発することにした。

ところが、それから約2カ月後、館長が契約満了ということで新日本を退団することになった。本当の理由は、俺には分からない。その後、新団体を旗揚げしているから真相は本人の口から語ってもらうしかないのだが、俺との関係も退団理由の一つとして噂されているらしい。

俺自身は、館長との間に確執があったとは思ってはいない。ただ、口うるさく言っていたのは確かだ。彰俊はカブキさんからプロレスの技術を習っていたが、館長はあくまで空手家のままだった。後藤ちゃんと小原のようにプロレスのできるメンバーが新しく入ってきたから、余計に粗が目立ってしまう。そんな中で、俺の小言に疲れてしまったのかもしれない。

もう終わったことだから、退団の話はこれくらいにしておこう。今では館長と仲良くやっているし、お互いにいい歳だから、つまらないことで揉めるようなことはない。

「俺はアントニオ猪木じゃない！」

平成維震軍は本隊の連中とは別に、会社が用意した専用バスで移動していた。反選手会同盟ができる前、選手会を抜けた時期は電車移動をしていたが、どちらにしろ本隊の連中とは行動は別。こういう部分も、長州さんはうるさかった。

平成維震軍に付き人がいなかったことは、全く苦にならなかった。俺は全日本の若手時代に馬場さんの付き人を経験しているが、「自分のことは自分でやるべき」という考えを持っている。偉くなったとしても、洗濯などを人任せにするのは性分に合わない。

宿も本隊とは別だったが、特に札幌の時はひどかった。新日本が94年2月5〜6日に札幌中島体育センターで2連戦を開催した時のことである。『さっぽろ雪まつり』というイベントは札幌市内が1年で最も観光客で賑わうのだが、新日本が興行を開催するのは、いつもその時期だった。

そのため交通の便が良いすすきの周辺のホテルを予約するのが困難なのだという。1年前に予約しようとしても難しいらしく、俺たちはいつも市街地から離れたホテルに宿泊させられた。

オフの時間に小林さんが味噌ラーメンを食いたいと言い出したので札幌の中心街までタクシーで行ったのだが、交通費が往復で4000円もかかってしまった。食った味噌ラーメンの値段は700円。計4700円のとんだ高級味噌ラーメンである。

ただ、辺鄙な場所に泊まらされようとも、試合では絶対に手を抜かなかった。94年の2連戦では初日に維震軍vs本隊、2日目に維震軍vsWARの7対7のシングルマッチをやったが、4勝3敗でいずれも維震軍の勝利で終わり、俺たちの勢いを示せた大会だったと思う。

そして、その勢いに乗ったまま、この年の11月13日には東京ベイNKホールで「旗揚げ戦」と銘打ち、平成維震軍の独立興行を開催することになる。

前年に開催した反選手会同盟の自主興行は、実質的に本隊の興行とさほど変わらないものだった。しかし、このNKホールの旗揚げ興行は、文字通り新たな「独立団体」として平成維震軍が一歩踏み出した瞬間だった。リングアナも田中ケロではなく営業の上井文彦さんにやってもらったり、ポスターにも「新日本プロレス」の文字を入れなかった。これは会社にとっても挑戦だったと思う。

だから、マッチメークもWARやレイジング・スタッフとの対抗戦が主軸だった自主興行とは大きく変わった。メインイベントに出場した俺の相手は、あのタイガー・ジェット・シン。しかも、試合には89年4月24日の東京ドーム初興行で猪木さんがショータ・チョチョシビリと対戦した時に使った円形リングが用意された。

シンが相手に決まる前には、いろいろな候補が上がっていたらしい。当初、維震軍興行のマッチメークや外国人のブッキングを担当していた永島が考えていたのは第1回K―1グランプリで優勝したブランコ・シカティックだった。

どうやら永島は平成維震軍が独立団体として活動していくにあたり、俺に猪木さんのようなイメージで試合をさせようと考えていたようだ。この旗揚げ戦の後も12月10日にK―1の大会が開催された名古屋まで視察に出かけ、キモと交渉していたという。

永島本人にも言ったが、これは本当に勘弁してほしかった。俺と猪木さんでは全然タイプが違う。後藤ちゃんの相手もやはり猪木さんと異種格闘技戦を行ったミュンヘン五輪の柔道金メダリスト、ウィリエム・ルスカだったが、もしかしたらその後に俺と対戦させるつもりだったのだろうか。

この旗揚げ興行の時は飛行機トラブルが起きて、シンの来日はギリギリになってしまった。これには長州さんが激怒したらしい。

「選手に、こんな負担をかけさせるな！　試合どころじゃないぞ！」

レスラーを第一に考える長州さんらしい言葉だが、昭和維新軍を結成して平成維震軍興行で俺たちと抗争する方向に流れを持っていったのは、もしかしたら旗揚げ戦のドタバタの償いだったのかもしれない。

フルハウスとはならなかったものの、とりあえずは成功と言ってもいい興行だったが、さらに参ったのは俺の試合で猪木さんがレフェリーを務めたことだ。シンと昔からの因縁があるのは分かるし、営業側が「スペシャルゲスト」として必要だったのも分かるが、試合中に手を出されてはたまらない。

挙句の果てには、呼んでもいないのに剛竜馬が勝手に会場に来て、俺たちに宣戦布告してきた。その後、剛が俺たちの興行に上がることがなかったことを考えると、会社としても「NO」だったのだろう。

旗揚げ第2戦は12月24日に後楽園ホールで開催され、俺はサブゥーと対戦した。このサブゥーについては、期待はずれだったという印象しかない。いい選手だと聞いていたが、全然動けないし、俺とは全く手が合わなかった。

年が明けて95年からは、平成維震軍として単独シリーズも組まれるようになった。1月19日の大分県立荷揚町体育館から始まった『レストレーション・スピリット』というシリーズは8大会を行ったが、ここから昭和維新軍との抗争がスタートする。

この時期、新日本で一番の話題となっていたのは、天山広吉の凱旋帰国だった。本隊、蝶野の狼群団、そして俺たち平成維震軍のどこに身を置くのか注目を集めていたが、結局、天山は狼群団を選ぶ。この時のゴタゴタをきっかけに、俺たちは長州さん率いる昭和維新軍と抗争するようになった。

そして、この頃からリング上では敵対しつつも、長州さんは俺に対して信頼感のようなものが芽生え始めたようだ。

「詩郎に振れば、こっちの思っているように返してくれる」

そんな気持ちが長州さんの中にはあったと思う。

長州さんは新日本に戻ってきた当初、俺のことはまるっきり格下扱いだった。試合で対戦しても、俺の技なんか受けてくれやしない。試合中、パートナーのマサ斎藤さんにも「受けなくていいから」と言っていたくらいだ。

何がきっかけでそうなったのかは分からない。俺が新日本出身ではなく、全日本出身だったことも関係があるかもしれないが、それほど俺は長州さんからレスラーとして認められていなかった。

だから、維震軍誕生の取っかかりとなった誠心会館との抗争が始まる前、俺は長州さんに対して不信感に近い感情があった。その反発心が一連の流れにつながったことは、ここまで書いた通りだ。

それがこの頃になると、俺も長州さんの言わんとしていることが理解できるようになっていた。それまでは一方通行の関係だったのが、直接リング上で肌を合わせる機会が増えたら、分かり合えるような関係になってきたのだからプロレスというのは不思議なものである。

「彰俊もいなくなるなら、もう…」

カブキさんは95年7月の平成維震軍興行『侍バサラ・三国志』のシリーズ最終戦をもって、契約満了で新日本から離れた。

カブキさんに対しては、本当にお世話になったという気持ちしかない。あの酒を飲みだすと怖かったカブキさんも維震軍では俺のことを何かと立ててくれたし、彰俊にプロレスのイロハを教えてくれたのもありがたかった。

カブキさんが抜けて平成維震軍は6人となり、独立興行もこの年の10月10日、後楽園ホール大会を最後に終了となった。

その前日、新日本は東京ドームで大きな興行を打っていた。超満員札止めとなったUWFインターナショナルとの全面戦争である。当然、リング上は新日本本隊とUインターの抗争がメインとなり、俺たちへの注目度は次第に低くなっていった。

カブキさんが抜けた穴を補強する意味もあり、年明けの96年3月にはAKIRAが維震軍に加入した。

小林さんは素質があるのに埋もれている奴を見ていると、なんとかしてあげたくなる性分だ。プロレスの世界で、そういう人は少ない。

AKIRAに対しても抗争という形を経て、こちち側に誘ったのだが、本来であればレスラーは個人事業主だ。仮に同じ釜の飯を食った仲間だったとしても、いざとなれば商売敵になる。上のポジションに上がってくる奴がいれば、誰かが落ちる。それなのに後輩を引き上げようとする小林さんが新日本という団体にいたことは、ＡＫＩＲＡにとって非常にラッキーだったかもしれない。

この時期、俺は久々に髙田延彦と接点を持った。1月4日の東京ドーム大会で髙田は武藤を破ってＩＷＧＰヘビー級王座を奪取し、初防衛戦の相手として俺が挑戦するという形だった。

俺がブレイクするきっかけは、間違いなく髙田とライバル関係を築けたことだった。彼が新日本を飛び出し、前田日明たちと新生ＵＷＦを立ち上げた時には、もう巡り合うこともないだろうと思ったが、プロレス界は何が起こるか分からない。

俺は3月1日、Ｕインターの日本武道館大会に出場し、メインイベントで髙田と対峙した。時は経ったものの、髙田は髙田だったという思いしかない。違いがあるとすれば、彼の立ち位置が大きく変わっていたということだけだった。

この後、3月23日に開催されたＵインターの宮城県スポーツセンター大会には平成維震軍として乗り込み、全面的に激突している。この日、彰俊は垣原賢人に敗れたとはいえ、控室に帰ってきた時にメンバー全員が立ち上がり、「よくやった！」と拍手で出迎えるほど素晴らしいファイトを見せた。

このＵインターとの抗争は続かなかったが、俺の中では濃厚な思い出として残っている。今でも安生洋二とは連絡を取っており、この時期は団体を離れていたようだが、宮戸優光とも連絡を取ることがある。そういう意味では、意外と縁のある団体なのだ。

その後、98年には俺たちと激しい抗争を繰り広げてきた天龍さんも平成維震軍に助っ人として加わってくれた。天龍さんとのタッグは、これまで対角線に立ってさんざんやり合ってきたからなのか、言葉はなくてもお互いに何をやるか理解できるツーカーの関係だった。

そして翌99年1月27日、代々木体育館第2競技場大会で彰俊が退団を発表した。これは新日本と彼の問題なので、何があったのかは分からない。だが、奴なりに考えてのことだろう。

言うまでもなく、平成維震軍の原点は俺と小林さんvs誠心会館の抗争である。だが、すでに館長は新日本のリングを離れ、小林さんは再びガンが発覚して闘病中だった。

「彰俊もいなくなるなら、もう平成維震軍を続けていく意味はないかもしれないな…」

俺の中で、そんな思いが駆け巡った。

長州力という人間の凄さに触れる

いつ頃からだろうか。俺は会社のマッチメークを手伝うようになった。そこで長州力という人の本当の凄さを知ることになる。

それまでは選手としてリング上のことだけを考えればよかったが、長州さんの仕事を手伝うようになって、試合、マッチメーク、興行がそれぞれ別物だということも具体的に理解できた。当時の長州さんは会社の興行担当取締役として、そのいずれでも大きな役割を担っていた。

試合が巧い人はいる。コメントが達者な奴もいる。だが、そういう人間が集客につながるマッチメークができるかというと、そうでもない。長州さんは、それを両立していた稀有な人だった。

マッチメークという仕事は、ただ単にカードを組めばいいわけでない。チケットを売るのは営業の人間だが、そのチケットを買いたくなるようなカードを組むのは長州さんだ。いいカードを組んでも、それが集客につながらなかったら会社の幹部として責任を問われる。だから、長州さんは日々のマッチメークや選手の安全面の管理だけでなく、年に何度も大会場で興行を打ち、そこに確実に客を入れるということまで一人でこなしていた。

しかも、その大変さをリングで出すことはない。リングに立てば、あくまで「長州力」というレスラーを貫く。こんなことができる人は、昔も今も長州さん以外に見たことがない。

感性も鋭かった。俺がアイデアを考えて持っていくと、「それは流行らない」、「これは無理だ」とハッキリ言われることもあった。しかも、そこに間違いは一切なかった。

「ここはコメントを出しとけば、大丈夫だ」

「これは何かアクションを起こさないとダメだぞ」

長州さんはカードを眺めながら、そんなことを口にする。その判断が全て当たるのだから、こちらとしては驚くしかない。

もちろん、それだけの人材が当時の新日本に揃っていたとも言える。長州さんに「よし、お前だ！」と突然指名されても、戸惑うことなくやり切れる奴らがたくさんいたということだ。

それだけ誰もが練習に励んでいた。指名を受けた時にやり切れるかどうかは、やはり練習量で決まると俺は思っている。練習は、そういう意味でも嘘をつかない。

実際に、長州さんも練習量を重視していた。選手の年俸の査定も長州さんが担当していたが、「合同練習の出席数で年俸を決めるからな」と帳簿につけていたほどである。

こういう仕事を手伝っていると、徐々に俺には向かないということが分かってきた。まだまだリング上一本で行きたいし、そもそもこんな裏方の仕事をしたいと思ったことは一度もなかった。だから、マッチメークの手伝いを降りようとしたこともある。

だが、長州さんに「お前、逃げるのか？」と言われた。

「いつまで俺がやらなきゃいけないんだ？　ずっとこういう思いをさせるのか？」

面と向かってそう言われると、少しでも力にならなければと思い直し、手伝いを続けた。長州さんにしても、いずれはこの大変な仕事を誰かに譲りたいという気持ちがあったのだろう。ただ、そういう部分での後継者として考えていた馳が政治の世界に行ってしまったため、続けざるを得なかったのかもしれない。

マッチメークの仕事をやっていると、とにかく休めない。それは肉体的な意味ではなく、精神的に休息がないということだ。シリーズが終わると、次の日の朝9時に長州さんの家に永島と一緒に行く。長州さんは永島には前もって次のシリーズの流れを伝えていて、永島がマッチメークの叩き台をあらかじめ作っておくのだ。

その叩き台に長州さんが手を入れ、すぐにマスコミ各社に発表する。これを繰り返すのだから、精神的に休まる日がない。このマッチメークの仕事の手伝いは、2～3年ほど続いたような気がする。

俺の場合、幸運なことにジャンボ鶴田、天龍源一郎、藤波辰爾、長州力という4人の先輩方と接する機会を持つことができた。それぞれの家に飯を食いに行ったこともあるが、おそらくそういうレスラーはほとんどいないだろう。

天龍さんには、リング上で容赦なくやられた。長州さんにもメチャクチャなことを言われたこともあるし、藤波さんともいろいろあった。だが、その全てが俺のプロレス人生において財産になっているのは間違いない。

マッチメークの仕事をするようになってから、長州さんとは試合後に飯を食うようになった。俺が凄いと思ったのは、長州さんはそういう時にプロレスの話を一切しなかった。

「あいつが大統領をやってるようじゃダメだ」

そんな時事的な話題を持ち出すことが多かった。それは天龍さんも藤波さんもジャンボさんも同じで、一流と言われる人間はオンとオフをきっちり切り替えるのだろう。

逆に言えば、そうでもしなければやっていられないほど、食事以外の時間は「プロレス漬け」だったのかもしれない。

平成最後の年に新メンバーが加入

彰俊が新日本を退団して約1カ月後となる99年2月22日、坂口さんがセッティングしてくれた世田谷区の漢城苑という焼肉屋で俺、木村さん、後藤ちゃん、小原の4人が揃って会見を開き、平成維震軍の解散を発表した。この時、小林さんは欠場中で、AKIRAは2月に復帰したものの蝶野と共闘するようになり、俺たちとは袂を分かっていたので、出席したのは4人だけだった。

振り返ってみると、誠心会館との抗争が始まった時から、「これが終わったら居場所がなくなるかもしれない」と常に背水の陣の気持ちで一試合一試合を全力でこなしてきた。だからこそ、悔いはなかったし、やり切ったという感覚のほうが強かった。山あり谷ありの約7年だったが、俺自身は満足している。

会見に姿はなかったが、改めて小林さんの存在はとてつもなく大きかったと言っておきたい。

腐りかけていた俺に新日本のリングで浮上するきっかけを作ってくれたのは小林さんだ。全ては小林さんから始まり、そこに俺が乗っかって、木村さん、館長、彰俊と仲間が増えていっ

たが、俺たちは口に出さないまでも同じ思いだった。

「ガンと戦っている小林さんが帰ってくるまで、頑張ろうな！」

小林さんが誠心会館との間に因縁を作らなかったら、平成維震軍というユニットも存在していなかっただろう。だから、小林さんが休んでいる間に、この流れをポシャらせるわけにはいかなかった。

時は流れて2019年、俺はデビュー40周年を迎え、1月30日に後楽園ホールで記念興行を開催した。『越中詩郎デビュー40周年記念大会 侍祭り ～平成最後の平成維震軍～』というタイトルから分かる通り、俺はここでも「平成維震軍」を使わせてもらった。やはり、俺のプロレス人生から維震軍を切り離すことはできない。

だが、今までの維震軍をそのままやっても面白くないと思った。維震軍は「現在進行形」というのが俺の考えだ。そこでこの機会に新しいメンバーを加えようと考えた。それが現在は2AW、当時はKAIENTAI DOJOに所属していた真霜拳號だ。

彼の試合を何度か目にする機会はあったし、長州さんの興行で肌を合わせたこともあるが、「こいつ、いいな！」と感じた。だから、なぜ新メンバーが真霜だったのかと聞かれても、俺個人の感覚としか言いようがない。

オファーをかけた時、さすがに本人は迷ったらしく、すぐにOKをもらえなかったが、最終的には快い返事をもらうことができた。俺の40周年興行の後に怪我をしたということもあって一緒に組んだのはまだ一度きりだが、いつか真霜を加えた新しい維震軍で暴れる機会もあるだろう。

平成維震軍時代、ＩＷＧＰタッグのベルトを巻くことはあったが、結局シングルのタイトルには恵まれなかった。ＩＷＧＰヘビー級王座には何度か挑戦したものの、ベルトを腰に巻いたことはないし、『Ｇ１クライマックス』で優勝したこともない。

反選手会同盟がスタートして以降、蝶野がＧ１で優勝した場面、武藤や橋本がＩＷＧＰヘビー級のベルトを誇らしげに巻いている場面を何度か目にした。

しかし、彼らにジェラシーを感じたことはない。なぜなら俺はそれ以上のことをやっている、ベルトやＧ１が持つ価値以上のものを平成維震軍は生み出しているという自負があったからだ。

95年のＧ１初日、公式戦で俺は当時ＩＷＧＰ王者だった武藤に勝利した。あいつが仕掛けてきた雪崩式フランケンシュタイナーを俺がそのままパワーボムで切り返した試合だ。

３カウントが入った瞬間、セコンドに就いていた維震軍のメンバー全員がリングに上がってきて、彰俊が俺を肩車してくれた。

リング上では、「覇」と描かれた旗がはためいていた。

「ああ、景色が違うなあ。高いところはいいなあ」

彰俊の肩の上で、俺はそんな感慨にふけっていた。良き仲間たちに恵まれたと実感した日でもあった。

年号は令和になったが、平成維震軍も俺もまだまだプロレス界を走り続けるつもりだ。いつ何時も「覇」という文字を心に掲げて――。

第4章

青柳政司

青柳政司

Masashi Aoyagi

1956年12月27日生まれ、福岡県糟屋郡出身。身長172㎝、体重93kg。高校中退後、運送会社で働きながら空手を学び、1978年には極真会館の『第10回オープントーナメント全日本空手道選手権大会』でベスト16の成績を残す。後に自ら誠心会館を設立。1988年7月2日に後楽園ホールで開催された『格闘技の祭典』に空手家として出場し、大仁田厚と異種格闘技戦で対戦。これをきっかけにプロレスの世界に足を踏み入れ、FMWやパイオニア戦志などを経て、1990年からは新日本プロレスに参戦。1992年には誠心会館の代表として新日本の小林邦昭や越中詩郎と抗争を展開し、その後は反選手会同盟、平成維震軍の一員として活躍した。1994年1月に新日本を退団すると、新格闘プロレスを旗揚げ。同団体離脱後も空手とプロレスの活動を並行して続け、2000年からはプロレスリング・ノアにも参戦するなど様々なリングで活躍した。2015年にバイク事故で右足に大怪我を負い、一度は引退したものの不屈の闘志で復活。現在もリングに上がり続けている。

私がプロレスの世界に足を踏み入れて、30年という長い月日が経過した。プロレスラーに憧れていたとはいえ、地方在住の空手家である私がこれほど長くプロレス界にいることができるのは、間違いなく誠心会館と新日本プロレスの抗争、そして反選手会同盟～平成維震軍時代があったからこそだろう。

あの我が人生を語る上で欠かせない時期を振り返る前に、私がどのような道を歩み、新日本プロレスのリングに上がるようになったのかを語っていきたい。

『格闘技の祭典』から始まった大仁田厚との3連戦

私は東海地区の空手家というイメージが強いと思うが、1956年12月27日、生まれは福岡県糟屋郡である。父は炭鉱労働者として働いていたものの、エネルギー革命の影響で炭鉱がどんどん閉鎖されていった時代だったので、私が幼少の頃に仕事を求めて一家で愛知県豊田市に移り住んだ。

プロレスが好きになったのは小学校高学年の頃。中学生の時には、本格的なファンになっていた。当時、新日本プロレス、全日本プロレスのどちらもテレビで観ていたが、好きだったのは新日本のほうで、特にアントニオ猪木さんの一連の異種格闘技戦には憧れた。後に空手を始めたのも、やはり猪木さんの異種格闘技戦に影響された部分が大きい。

プロレスラーになりたいという夢は、中学時代から抱いていた。しかし、当時はプロレス団体に入門するには身長180センチ以上が最低ラインという時代である。運動神経には自信があったが、身長はその規定に到底及んでいなかったから、自分がプロレスラーになるのは無理だろうとも思っていた。中学の卒業文集に「将来の夢　プロレスラーになりたい」と書いたとはいえ、その時は文字通り〝夢〟でしかなかった。

私にとって人生の転機は、高校に入学して3カ月ほど経った時に訪れた。父が倒れ、仕事ができなくなってしまったのである。この時、兄は愛工大名電高校の3年生で、私は中京高校の1年生。親父がこうなってしまった今、学費の高い私立高校に2人も通わせるお金はウチにはない。そこでもうじき卒業する兄だけ高校に通うことになり、私は中退して働くことを決意した。

だが、高校1年中退という学歴では、なかなか仕事先もない。何とか運送会社に就職したものの、まだ15歳で運転免許証も持っていなかったため、免許を取るまでは〝見習い〟という扱いでトラック運転手の助手になった。要は下働きの丁稚奉公であり、気の荒い運転手の下で怒鳴られながら仕事を覚える日々が始まった。

そんな生活を送りつつも親からは「自分の好きなことを一つだけ選びなさい」と言われていたので、「俺は体が小さくてプロレスラーにはなれないから、空手家になるよ」と空手を習い始めることにした。

それからは朝6時から17時まで運送会社で働き、18時半から毎日空手の稽古に励んだ。ほとんど休みはなかったが、自分にとっては充実した毎日だった。

18歳になって運転免許も取得し、一人前のトラック運転手になると、空手の稽古にもさらに熱が入った。東海地区の様々な大会で優勝し、78年には極真会館の第10回全日本大会にも出場した。128人が参加したこの大会で、結果はベスト16。もし最後の試合に勝っていれば、次は優勝した二宮城光（現・国際空手道円心会館館長）との対戦だった。

この大会で私にとって一番大きかったことは、梶原一騎先生、真樹日佐夫先生と知り合えたことだ。特に真樹先生にはその後もかわいがっていただき、名古屋に来られた時は毎回、お会いするようになった。このご縁が後に私をプロレス界に引き合わせてくれることとなる。

そのチャンスが訪れた時、私はすでに32歳になっていた。士道館の大会に出場した際に、真樹先生から「青柳、前にプロレスラーになりたかったと言ってたよな？　今度、俺の興行でプロレスラーと戦わないか？」とオファーをいただいたのだ。

猪木さんの異種格闘技戦を夢中になって観ていた自分が空手家としてプロレスのリングに上がり、プロレスラーと試合ができるとは夢のようなことである。私は二つ返事で承諾し、89年7月2日に後楽園ホールで開催される『格闘技の祭典』のメインイベントで、史上初の日本人同士による異種格闘技戦を行うことになった。対戦相手は全日本プロレスを引退後、フリーとして現役復帰した大仁田厚さんである。

この時は試合をしながら、とにかく興奮した。空手家として、打撃では負けるわけにいかない。無我夢中で突きや蹴りを叩き込んでいくと、大仁田さんは頭突きで反撃してきて、さらにイスで殴りかかってきた。観客の9割以上が空手の関係者とファンで、空手家が何人もリングサイドを取り囲む中、ああいった攻撃を仕掛けてきた大仁田さんの根性は大したものだと今でも思う。彼もこの試合に人生を懸けていたのだろう。

結果は私の反則勝ちとなったが、レスラーvs空手家、しかも日本人同士のケンカマッチは話題を呼び、大仁田さんの再戦要求を受けて私は10月に開催されるFMWの旗揚げシリーズに出場することになった。

この時はシングルで2度ぶつかり、結果は1勝1敗に終わったが、この大仁田さんとの3連戦が日本のインディー時代の幕開けだったと言ってくれる人も多く、私にとっても誇りに感じている試合である。大仁田さんとは一応の決着もつき、プロレスのリングに上がるという長年の夢も叶ったので、本来はこれを最後に私は空手の指導者に戻るつもりだった。

実際に、私はFMWからの継続参戦オファーを断っている。その代わりに元々プロレスラー志望だった誠心会館の松永光弘くんが有刺鉄線タッグマッチに出ることになった。

こうして空手の世界に戻ったはずだったが、ある日、当時パイオニア戦志という団体を率いていた剛竜馬さんから電話がかかってきた。「ぜひ、一度お会いしたい」と面会を申し込まれたのだが、あの新日本プロレスのリングで藤波辰爾さんと名勝負を演じたレスラーから直々に会いたいと言われたので、無下に断るのも失礼だと思い、東京駅の近くで会うことにした。

剛さんは高杉正彦さんと共に、スーツを着て待ち合わせ場所に現れた。大仁田さんより一回り大きい体に驚いたことを憶えている。

会うなり、剛さんはこう切り出してきた。

「青柳館長、頼みがある。俺と試合をやってくれ！」

「いやあ、試合をやれと言われても、僕はもう空手の世界に戻っていますから」

私はやんわりお断りしたものの、剛さんは「もう一回、ウチのリングに上がってくれ」と一歩も引かない。しばらく押し問答が続いたが、最後は私が根負けする形で了承してしまった。

大仁田さんとは3回も試合をしたし、剛さんとも1～2回試合をしてから空手に戻るのも悪くはないだろう。そんな思いから、私は空手の指導と並行して、可能な範囲でパイオニア戦志に上がることになった。

一部では、この時に私が大仁田さんとお金で揉めてFMWからパイオニア戦志に移ったと言われているようだが、それは全くのデマである。

私は『格闘技の祭典』で最初に大仁田さんと対戦した時も、お金はほとんどもらっていない。アマチュアの空手大会ではなく、プロ興行のメインイベントということでファイトマネーが出たことは出たが、確か3万円か4万円くらいだった。

その後にFMWに出た時も、お金で揉めたことはない。プロレスラーであれば、それが職業だからファイトマネーの額は当然気にするだろうが、私はあくまで空手家である。プロレスのリングに上がることが子供の頃からの夢だったのでオファーを受けただけであり、お金は後からついてくるものという感覚しかなかった。

90年4月28日、パイオニア戦志の後楽園ホール大会のメインイベントで私は剛さんと異種格闘技戦を行った。残念ながら、試合自体は大仁田戦ほどのインパクトを残すことができなかったが、その一方で自分が小さい頃に抱いていた夢、つまり「プロレスラーになりたい」という思いが蘇ってきた。

ちょうどそんな時、あの新日本プロレスから私にオファーが舞い込んできた。

憧れの新日本プロレスに参戦

新日本からは、パイオニア戦志を経由して話があった。私はパイオニアの所属選手ではないが、そもそもプロレスラーでもなかったので、直接連絡を取る術がなかったのだろう。聞いてみると、90年6月12日に福岡国際センターで獣神サンダー・ライガーさんと異種格闘技戦を行ってほしいという。自分にとっては願ってもないオファーであり、即答でOKした。

これは後から聞いた話だが、新日本は日本人同士の異種格闘技戦要員として私を使いたいためにパイオニア戦志と提携を結んだそうだ。その流れで、剛さんや高杉さんも新日本のリングに上がったらしい。

そのこと自体はいいのだが、剛さんが亡くなった後、高杉さんからこんな話を聞いた。

「館長、知ってるか？　ライガー戦の館長のギャラは100万だったんだけど、(懐に手を入れる仕草をしながら）剛が70万をコレしたんだよ」

確かにライガー戦のファイトマネーは、新日本のオフィスからの振込ではなく剛さんから直接手渡されたが、金額は20万円だった。

FMWやパイオニアのファイトマネーはもっと少なかったので、「ありがとうございます！　こんなにもらえるんですか？」と何の疑問も感じず受け取ったのだが、実はその5倍の額だったというのだ。高杉さんは「実は俺もその100万の中から10万もらったんだよ」と笑っていたので、本当のことなのだろう。

ただ、私はそれを聞いても、別に怒りもしなかった。

「ああ、こういう世界なんだな」

そう思っただけで、今でもこの件は気にしていない。なぜなら、当時の私は自分をプロの格闘家だとは全く思っていなかったからだ。そんなお金の問題よりも、チャンピオンクラスのプロレスラーと試合ができることのほうが私にとってははるかに重要だった。

しかも舞台は子供の頃から憧れていた新日本プロレスである。猪木さんとウィリー・ウィリアムスの試合を夢中になって観ていた自分がプロレスvs空手の異種格闘技戦を同じリングで行うのだから、何物にも代えがたい感動があった。

超満員の福岡国際センター。1万人近い人たちのブーイングが私を覚醒させてくれ、普段以上の力を出せたように思う。とはいえ、ライガーさんからはプロレスラー特有の体の強さを感じたし、やはりリングに上がれば私など子供扱いだ。今でも、この時はいい勉強をさせてもらったと思っている。

この一戦が新日本に認められて取締役だった永島勝司さんから「継続参戦してくれ」とオファーを受け、私はパイオニア戦志側の助っ人という形で新日本勢と対戦するようになった。だが、剛さんは90年11月に藤波さんとの念願のシングルマッチが実現したのを最後に新日本から提携を打ち切られてしまい、これを機に私とパイオニアの関係も終わってしまう。短い間だったが、剛さんと同じ時間を過ごせたことは良い思い出であり、不器用だが、とても人間味がある彼の人柄が私は好きだった。

「お前、プロレスラーをナメるなよ」

このライガーさんと試合をした90年の年末に、私は東京スポーツのプロレス大賞で新人賞をいただくことができた。当時、私は33歳。新人というにはずいぶん歳を食っていたが、子供の頃の夢がこういった形で叶い、本当に嬉しかった。

新日本とパイオニア戦志の提携が終わった後も、私はフリーという形で新日本のリングに上がり続けた。新日本側が評価してくれたのは大変光栄ではあったが、私には自分の空手の道場がある。しかもプロレス自体は好きだが、業界の内情についてはよく分かっていなかったので、当初はこのまま続けていてもいいのかどうか非常に悩んだ。

また、単発の異種格闘技戦なら空手の技だけで試合をすればいいが、レギュラー参戦となると、これまで通り突きと蹴りだけでいいのか、それともプロレスに馴染んだほうがいいのか。

そんな迷いを断ち切って、最終的には憧れていた新日本でひとまず頑張ってみようと覚悟を決めたのだが、試合の中でプロレスの難しさを感じることもあった。空手の試合は基本的に突きや蹴りで急所を狙い、相手の体を壊していく。しかし、プロレスで故意に急所を攻撃するのはご法度だ。とはいえ、明らかに手抜きの攻撃をしたら、お客さんを満足させることはできない。その辺の感覚が当初はなかなか掴めなかったのだ。

ある日、星野勘太郎さんと対戦した時にコーナーに詰めてからバンバン蹴っていったら、星野さんがバッタリ倒れてしまったことがある。おそらく急所に入ってしまったのだろう。

試合後、星野さんは血相を変えて私の控室に乗り込んできて、ぶん殴られた。ただ、勘違いしてほしくないのは、星野さんは「手加減しろ」という意味で怒っていたわけではない。レスラーも人間だ。人間には、鍛えられるところと鍛えられないところがある。鍛えた部位を全力で攻撃し、相手はそれを受け切る。そうして迫力ある試合を連日、お客さんの前でお見せするのがプロレスだということが私も数をこなしながら徐々に理解できるようになっていった。

もし私が蹴りの威力を加減したり、対戦相手に遠慮したら、それはそれで怒られる。

ある日、山本小鉄さんから「青柳、ちょっと来い！」と呼ばれて、こう言われた。

「お前、プロレスラーをナメるなよ」

「ナメていません。どういうことですか？」

「バカ野郎！　お前、全力で蹴ってないだろう？　プロレスラーはな、五段、六段持っている空手家が蹴ったって我慢するんだ。急所以外なら、お前がどれだけ蹴っても壊れやしない。だから、遠慮せずにガンガン行け！」

小鉄さんは、私が蹴りを躊躇しているのを見逃さなかったのだ。

「分かりました。押忍！」

私はそう答え、それ以降はレスラーの分厚い胸板に思い切り蹴りを叩き込むようになった。

新日本に上がり始めてから痛感したのは、やはり受け身の重要性だ。

受け身がしっかりと取れなければ、ダメージはどんどん蓄積していくし、何よりも大怪我につながりかねない。

私は何人もの選手や関係者たちから「プロレスは恐ろしいよ」と助言されたが、この言葉を常に頭に入れて今でも試合をしている。気を抜けば、相手がベテランだろうが若手だろうが関係なく怪我をするのがプロレスのリングなのだ。

ある日、試合前にリング上で自主練習をしていたら、現場責任者の長州力さんに「青柳、ちょっと来い」と呼ばれた。

この時も「青柳、お前プロレスをナメるなよ」と言われたので、「プロレスをナメてるわけじゃないです。ナメてたら、やっていません」と答えた。

「それなら、もっと受け身を練習しなきゃダメだ」

長州さんは、私が怪我をしないように気遣ってくれたのだろう。言葉はキツいが、長州さんにはそういう優しさと気遣いがあった。

「いいか、今から受け身の練習をやる。投げられて受け身が取れなかったら、レスラー失格だ。そこはお前、空手家だとか関係ないからな」

そう言われて何十回も受け身を取らされたが、リングの下にアニマル浜口さんがいて、「青柳、気合いを入れろ！」と連呼していたのを憶えている。

受け身の練習が終わって控室に戻った時には気持ちが悪くなり、恥ずかしながら胃の中の物を戻してしまった。その後も連日、受け身の練習を続けていたら背中一面が血ぶくれになり、真っ黒になってしまったものである。

初めて褒められたトニー・ホーム戦

新日本に参戦し始めた頃、私はいわゆる「外国人扱い」だった。だから、試合で東京に呼ばれた時は新日本側が外国人レスラーの定宿である京王プラザホテルに部屋を取ってくれた。

余談だが、後に齋藤彰俊くんが誠心会館の一員として乗り込んできた頃、私はすでに新日本とレギュラー契約を結んでいた。それでも変わらず京プラに部屋を用意してくれたのは、非常にありがたかった。京プラに泊まっていたのは、齋藤くんも同じである。もっとも私が辞めた後、齋藤くんは等々力にある新日本の合宿所に入れられたそうで、「館長、僕は今、道場の新弟子ですよ…」と電話でぼやいていたのを思い出す。

話を戻そう。私はキャリア的には新人だったが、空手家として乗り込んだ形だったので、前座ではなくビッグカードを何度も組んでいただいた。

特に印象深いのは、91年6月に日本武道館で藤波さんと試合をやらせていただいた時だ。藤波さんは、私にとって昔から憧れていたプロレスラーである。リング上で向かい合った時は、「えっ、この人、あの藤波辰巳だよな⁉ 俺、リングにいるんだよな？」と夢の中にいるような気分だった。試合自体は藤波さんの巧さに翻弄されてしまったが、ライガー戦と同様、とてもいい経験になった。

91年4月にトニー・ホームと対戦した試合も忘れられない。この時はボクシングvs空手の異種格闘技戦という形だった。

ある日、渉外担当取締役のマサ斎藤さんから「青柳、トニー・ホームとやってみないか？」

と言われたのだが、当時のトニー・ホームは新日本のトップである橋本真也さんのライバルというポジションだったし、身長差もあるから、私なんかが出る幕ではないと思っていた。

だが、マサさんに「やってみろ」と言われたら、答えは「押忍」しかない。しかも、両国国技館というビッグマッチで組まれたので二重の驚きである。

いざリング上で我々が向かい合うと、かなりの体格差があったので、判官贔屓もあってか両国国技館に集まったファンたちは私を応援してくれた。蹴りが綺麗に入ると、何度も大きな歓声が上がったことを憶えている。結果は3ラウンドKOで敗れたが、私の中では充足感があった。

試合後、マサさんが私のところに来て、こう言ってくれた。

「青柳、橋本より良かった。お前のほうがトニー・ホームといい試合をやったよ。凄く良かったぞ！」

こんなに嬉しいことはない。私が新日本に上がるようになって試合を褒められたのは、これが初めてだったはずだ。そういう意味では、トニー・ホーム戦は大きな自信になった。

そういえば、いつだったか長州さんに「お前、小さいのによく頑張って、ここまでやってきたな」と声をかけていただいたこともある。試合前の練習中には金本浩二選手や馳浩さん、ヒロ斎藤さんに蹴りを教えたりすることもあり、私は憧れの新日本プロレスの「一員」として充実した日々を送っていたが、あの〝事件〟を機に状況が一変する。

私から見た小林さんの殴打事件

91年12月8日、後楽園ホールの控室。

この日、私は昼に名古屋で空手のイベントがあり荷物が多かったため、弟子の松井啓悟に後楽園まで付いてきてもらった。

控室に荷物を運んでくれた松井に「ありがとうな！」と声をかけ、彼はそのまま帰るはずだった。しかし、その松井が私の知らないところで小林邦昭さんとイザコザを起こしてしまったのである。

私は現場を見ていないので伝聞になるが、松井が控室のドアを閉めずに出ていき、それを叱責した小林さんと口論となった末、最後は殴られたという。

その日、私は小林さん、ライガーさんと組んでの6人タッグマッチだったが、いつもと違って小林さんはどこか愛想が悪い。タッチする時も私の手をぶっ叩くようにしてくるし、口も利いてくれないから、「今日の小林さんはおかしいな？　何で機嫌が悪いんだろう？」と不思議に思っていた。

試合が終わると、小林さんが「館長の弟子は、だらしない奴が多い。礼儀知らずでマナーがなってない」と言い出した。私は「どうして俺がそんなことを言われきゃいけないんだ？　ウチの空手家の礼儀が悪いなんてことはないですよ！　どちらかというと、プロレスラーのほうが礼儀は悪いですよ！　小林さんだって知ってるじゃないですか？」と内心思ったが、この時点でも私は松井が殴られた件は知らなかったので非常に気分が悪かった。

今になって思えば、このドアを閉めなかった松井に対する小林さんのナチュラルな怒りは、同時に〝仕掛け〟としても作用し、誰もが予想していなかった大きなウネリを生み出すことになるのだから、当時の新日本プロレスはとんでもない団体だった。

勘違いしてほしくないのは誠心会館と小林さんの抗争は新日本側の主導で行われたものではなく、逆に〝黙認〟するような形で始まり、当事者である我々も結末が見えないまま進んでいったということだ。後楽園大会から数日後の大阪大会では会場の駐車場で誠心会館の生徒たちが小林さんを襲撃するという〝事件〟が起こったが、この時は長州さんの側近的な立場だった馳浩さんにメチャクチャ怒られた。小林さんを襲った弟子たちも「警察沙汰になるんじゃないか…」と怖くなって、みんなトイレに隠れていたらしい。だが、こうした本当の緊張感がプロレスの抗争には必要だと私は今でも思っている。

年が明けて、92年1月4日の東京ドーム。

誠心会館の弟子たちが空手着姿でリングに上がり、齋藤彰俊くんが代表して新日本への挑戦状を読み上げた。

実を言うと、齋藤くんは誠心会館の正式な門下生というわけではない。その件については本人がこの書籍の中で詳しく語っていると思うが、彼は誠心会館と友好関係にあった時代塾という道場で空手をやっていた人間であり、ウチの道場にはたまに顔を出していた程度だった。

では、なぜ彼が我々に加わったかというと、小林さんに後楽園ホールで殴られた松井は中京高校時代に齋藤くんと同級生で、一緒にヤンチャをしていた仲間だったのだ。

そういった関係から殴打事件の後に、齋藤くんのほうからウチの道場に「一体どうなってるんですか?」と電話がかかってきた。私が事の経緯を説明すると、齋藤くんが「自分がやります」と言うので、彼は体も大きく、殴られた弟子と実際に近い関係にあり、パイオニア戦志やW☆INGでプロレスも経験していたのでうってつけだと思い、ひとまず任せることにした。

その後、齋藤くんと永島勝司さんが話をして、ドームのリング上で挑戦状を読み上げることが決まったはずだ。新日本のファンから見れば、当時の齋藤くんは「アマチュア」のような存在である。それが土足で新日本のリング、しかも東京ドームに上がってきたため、挑戦状を読み上げた時は6万人の大ブーイングを浴びていた。

振り返ると、齋藤くんにプロレスラーとしての実績やネームバリューがなかったことは良い方向に作用したように思う。プロレスファンの中でも特に新日本のファンは昔から空手を敵視していたし、「素人がリングに上がりやがって!」という心境だったろう。

この挑戦表明を受けて、92年1月30日に大田区体育館で齋藤くんと小林さんの一騎打ちが組まれたが、この一戦は〝無名の空手家〟でしかなかった齋藤くんの勝利という予想外の結果も含めて新日本のファンに大きなインパクトを与え、『週刊プロレス』の表紙にもなった。

抗争の第3戦となる2月10日、名古屋レインボーホールでは異種格闘技タッグマッチという形で越中詩郎&小林邦昭vs齋藤彰俊&田尻茂一というカードが組まれた。ここで越中さんが初めて抗争に加わってきて、小林さんのパートナーになったわけだが、そういう意味ではこの試合こそが「平成維震軍の原点」と言えるかもしれない。

プロとしての経験が少なかった齋藤くんが一連の抗争を乗り切れたのは、天性のセンスとしか言いようがないだろう。齋藤くんのパートナーを務めた田尻くんは確か初段か二段程度だったが、彼も体が大きく、本職が役者だったため舞台慣れしている度胸の良さが買われて抜擢された。初めてのプロのリングであり、受け身も知らない中、予想以上に頑張ってくれたと思う。

この後、中立の立場を取っていた私も誠心会館の長として抗争に加わることになった。その最初の試合が3月9日、京都市体育館。カードは越中詩郎&小林邦昭vs青柳政司&齋藤彰俊だったが、この京都の会場の殺気立った雰囲気は未だに忘れられない。客席でファン同士もケンカしていたし、帰る際はタクシーに乗ったはいいが、大勢の新日本ファンに囲まれて車が動けなくなってしまったほどだ。

まさかプロレスファンがあそこまで熱くなるとは、新日本の上層部も思っていなかったのではないだろうか。当然、誠心会館と小林さん、越中さんの抗争は会社側がカードを組んでくれたから実現したわけだが、ファンの〝本気〟に後押しされた部分も大きく、試合をするごとに会場の熱がどんどん高まっていったという印象がある。

その証拠に、誠心会館の道場にはプロレスファンから脅しの手紙や電話がたくさん来た。

「プロレスをナメるなよ！」

「お前ら、ぶっ殺すぞ！」

「新日本から、いなくなれ！」

「齋藤、青柳、死ね！」

不気味な無言電話も含めて、この時期は本当にいろいろな嫌がらせを受けたものである。

その一方で、全国各地の空手ファンから「プロレスラーを倒してください！」と激励の電話や手紙が来た。その割合は半々だったように思う。また、この時期にはプロレスラーを相手に懸命に戦う我々の姿を見てウチの道場に入門してきた生徒もかなりいた。

そして、開戦から4カ月後、誠心会館vs新日本プロレスの決着戦とも言える試合が組まれる。

4月30日　両国国技館　小林邦昭vs齋藤彰俊。

5月1日　千葉ポートアリーナ　越中詩郎vs青柳政司。

この時から試合に誠心会館の看板が懸けられるという流れになったが、これは小林さんが「今度の試合に選手生命を懸ける」とコメントを出したので、「じゃあ、こちらは看板を懸けてやる」と思わず私が言い返してしまったのが発端である。当然ながら、「館長、それだけはやめてください！」と訴えてきた弟子もいたし、私の言動を見て「プロレスにうつつを抜かして…」と呆れていた弟子もいたと思うが、こちらから言い出したことを引っ込めるわけにはいかない。

たまに「あの看板は本物だったんですか？」と聞かれることがあるが、正真正銘、本物の看板で今も道場に掛けられている。この看板を懸けるという我々の行動も大きなインパクトを与えたようで、それからは道場の看板の横で記念写真を撮っていくファンが増えた。

看板を懸けた抗争の決着戦は6月9日、名古屋国際会議場イベントホールでの誠心会館自主興行となったが、実はこの時に私は馳さんに水面下で「ウチの興行で小林さんと試合をやらせてほしい」と何度も頼んでいる。しかし、新日本側のスタンスは、あくまで「誠心会館との抗争は、もう終わったこと。他団体で、その続きをやらせることはできない」というものだった。

最終的に小林さんが新日本内部の反対の声を押し切って誠心会館の自主興行に参戦してくれただけでなく、越中さんもセコンドとして名古屋まで来てくれた。後に知ったのだが、武藤敬司さんや橋本真也さんは我々の抗争を面白がっていたという。しかし、我々の抗争がファンの注目を集めていることに対し、新日本の中で不快感を抱いていた人たちもいたようだ。我々の抗争は個人的な色合いが強かったため、いくら盛り上がっていても他の選手たちは割って入ることができない。そこにジレンマや焦りを感じていた部分もあったのではないだろうか。

本当に嬉しかった木村さんの言葉

この後、越中さんと木村健悟さんが合体し、私と齋藤くんが合流する形で92年8月に反選手会同盟がスタートした。そこに小林さんの姿がなかったことは非常に寂しかったが、反選手会同盟が誕生したことで木村さんも久々にスポットライトを浴びることになった。

正直言って、当時の木村さんや越中さんは、いい位置で試合をしていなかった。第2～3試合あたりに出場することも多かったはずだが、それが反選手会同盟というユニットができたことでセミやメインに出るようになった。大先輩にこんなことを言うのは失礼だが、窓際に追いやられつつあった木村さん、越中さん、小林さんを反選手会同盟は再生させたと思っている。

実際、木村さんから「館長、ありがとうな」と言われたことがある。

「何がありがとうなんですか？」

「いや、館長たちが新しい波を起こしてくれたことで、俺がまた活きてきた。楽しくなってきたよ」

この言葉を聞いた時は、木村さんが私と齋藤くんをレスラーとして認めてくれたように感じて本当に嬉しかった。私と齋藤くんにしても反選手会同盟というものがなかったら、新日本側にとってはそれほど必要な人材ではなかったかもしれない。

ただし、会社側が我々を長いスパンで売り出そうと考えていなかったことは明白だった。そもそも「反選手会同盟」という名称自体、ユニット名がないと記事が書きにくいという理由からマスコミの人が便宜上つけてくれたもので、新日本が正式に命名した名前ではないこともそれを証明している。

「インパクトを残せなかったら、すぐに解散させればいい」

それが新日本上層部の本音だったはずだが、幸運にも我々は発足直後に大きなチャンスに恵まれた。欠場中だった小林さんを除く我々4人がWARのリングに乗り込むことになったのである。

WARはメガネスーパーの巨大資本をバックにしたSWSが解散した後、天龍源一郎さんが中心となって92年7月に旗揚げされたばかりの団体だった。ある時、越中さんが長州さんに呼ばれ、「WARに乗り込んでやるとアピールしろ」と言われたらしい。要は新日本本隊との本格開戦を前に、反選手会同盟が尖兵隊になれということだ。

WARとの開戦前、越中さんにはこう言われた。

「普通のプロレスはやるな。館長は殴る蹴るを中心にガンガンやってるからいいんであって、プロレスを見せようとしたら終わっちゃうよ。ロックアップで組んで、ロープに振ってとか、そんなのは違う。これはケンカのプロレスだから」

我々は9月15日の横浜アリーナ大会からWARに乗り込んだが、当時はまだ団体対抗戦が珍しい時代だったこともあって、この抗争も異常な熱を生んだ。私は旗揚げしたばかりのWAR

が大きな会場で興行を打っていたので「ずいぶん強気だな」と思っていたが、実はＳＷＳ時代に押さえた会場をＷＡＲが引き継がなければいけなかったらしい。

結果的に我々が出場したＷＡＲの横浜アリーナ大会も札幌中島体育センター大会も満員のお客さんで埋まり、観客動員という面で我々は天龍さんを助けた形となったが、反選手会同盟もこの抗争で存在感を大いにアピールすることができたので、今で言うウィンウィンの抗争だった。

だが、それはあくまでも結果論であって、反選手会同盟もＷＡＲ勢もお互いに「しょっぱい試合をしたら、もう後はない」という切迫感を持って試合に臨んでいたことがあの熱を生んだのだと思う。

現金100万円をみんなで山分け

このＷＡＲとの対抗戦の最中に、ザ・グレート・カブキさんが我々に加わることとなった。

反選手会同盟は小林さんが病気で長期欠場となったため、メンバーは越中さん、木村さん、齋藤くん、私のわずか4人。さすがにこの人数でＷＡＲや新日本本隊と対抗するのはカード編成的にも苦しかったので、会社側に「名前が通っている選手がもう一人欲しい」という要望を出していたのだが、まさか他団体で活躍されていたカブキさんが加わるとは思わなかった。

「凄い人が来ちゃったな！」

それが率直な第一印象である。カブキさんは藤波さんや長州さんはもちろん、マサ斎藤さんや坂口征二さんよりもキャリアが古いレジェンド中のレジェンドだ。カブキさんがこちらに入った詳しい経緯については誰からも説明がなかったのでよく分からないが、おそらく契約上はWARから新日本に移って、反選手会同盟に〝配属〟された形だろう。

裏事情はどうであれ、我々にとっては何とも頼もしい人が仲間に加わってくれた。カブキさんが合流したのは福井県の鯖江市での記者会見だったが、反選手会同盟の移動用マイクロバスにメンバー全員の拍手で迎え入れ、握手を交わしたのを思い出す。

実際にカブキさんの加入は反選手会同盟にとって大きな力になった。タッグマッチでカブキさんがコーナーに控えていると、とにかく試合をしていて安心感があるのだ。まだプロレス経験の浅い私や齋藤くんにとっては、最高のお手本であり、先生でもあった。カブキさん自身も反選手会同盟に入ってから、以前よりも活き活きしていたと思う。

年が明けて93年には、さらなる新メンバーとして小原道由くんと後藤達俊さんが加入した。

小原くんは誠心会館vs新日本の抗争の時に札幌で齋藤くんと試合をした後、ドイツへ武者修行に出て凱旋帰国したが、そのまますんなり本隊に戻るより、反選手会同盟のほうが彼の個性が活きるという会社側の判断があったのではないかと思う。いずれにしても、若い新メンバーが加わることは大歓迎だった。

後藤さんは元々レイジング・スタッフというユニットに所属していたが、スーパー・ストロング・マシン選手と仲間割れして反選手会同盟に入ってきた。私と後藤さんは学校こそ違うものの、同じ愛知県出身で同級生。空手出身という共通項もある。そうはいっても、後藤さんはそれほど熱心に空手の稽古をしていたわけではなかったらしい。

後藤さんが合流してきた後、本人に直接聞いたことがある。

「どのくらい空手をやってたの？」

「ん？　やってない」

後藤さんは安藤昇さんの小説『東海の殺人拳』のモデルとして知られる空手家・水谷征夫さんが猪木さんと作った流派・寛水流にいたのだが、本人曰く「水谷先生と仲が良かっただけだよ」とのこと。レイジング・スタッフ時代に対戦したことがあるが、私の空手流の速い蹴りを受けるのが嫌だったそうだ。後藤さんは今どこで何をしているのだろうか。平成維震軍の歴代メンバーの中で唯一、連絡が取れていないが、元気でいてくれたら幸いである。

この後、93年11月に反選手会同盟は平成維震軍に名前を変えたが、こうして見ると、メンバーはキャリアも経歴も全員バラバラだ。しかし、不思議とチームワークは良かったと思う。それはメンバーそれぞれが自分の役割を全うしようとしていた結果であり、お互いを尊重し合う姿勢があったからだ。カブキさんや木村さんは大ベテランでありながら、先輩風を吹かすようなことはなかったし、後輩の越中さんをリーダーとして立てていたところがあった。

そういえば、我々を応援してくれるファンも増え、詳しい日付は忘れてしまったが、確か大宮の会場で思わぬプレゼントをいただいたこともある。会場に来ていたお客さんから渡されたのは、現金100万円。「みなさん、これで食事でも…」という意味合いでプレゼントしてくれたのだと思うが、あまりにも大金だったため私は木村さんに「会社に話しますか？」と相談した。

「いや、みんなで分けようよ」

だが、木村さんは維震軍のメンバーだけで山分けするのではなく、当日会場にいたリング屋さんや新日本の社員も含めて100万円を均等に分けた。自分たちを裏から支えてくれているスタッフに対し、感謝の念を忘れない木村さんの人間性を垣間見た瞬間だった。

私が平成維震軍を離脱した理由

平成維震軍での日々は充実していたが、私は自らその輪から離れることになる。

ライガー戦で新日本に参戦して以来、私は中学生時代からの夢であったプロレスの世界で必死に試合をこなしてきた。その反面、当時の新日本はシリーズが長かったため、どうしても空手の指導のほうは疎かになってしまっていた。

生活の7割がプロレス、3割が空手という感じだったが、この時期は道場の師範クラスが生徒たちを教えられるようになっており、私の片腕的存在だった弟子に「館長、道場は私たちに任せて、思う存分プロレスをやってください」と言われたことも大きかった。

だが、反選手会同盟が動き出した後は新日本のシリーズだけでなく、WARの巡業にも参戦したり、さらに反選手会の自主興行も始まったため、道場を不在にする時間がさらに増えた。その結果、「館長がいつもいないなら通う必要はない」と少年部の生徒が70人くらい辞めてしまうなど、道場運営に大きな支障が出ていたのだ。

私自身、どうすべきか非常に悩んだが、「やはり自分は空手家である」という結論に達した。私の本分は生徒たちに空手を指導することであり、道場を守らなければいけない。その思いから、後楽園ホールで試合があった時、社長の坂口征二さんに「申し訳ありませんが、辞めさせてください」と伝えた。

「何で辞めるんだ、この平成維震軍が一番いい時に？　お前自身も、これからだろう」

坂口さんは突然の申し出に驚いていたが、「私は道場を守らなきゃいけないんです。生徒たちの親からも電話があり、これ以上、道場を留守にできません」と事情を話すと、承諾してもらえた。

こうして私は94年1月4日の東京ドーム大会を最後に契約満了という形で新日本のリングを離れることになったが、平成維震軍が一番良かった時期に辞めたことで、一部では私と越中さんが不仲になったことが離脱の原因だと思っている人もいるらしい。だが、それは全くの事実誤認だ。

確かに私は越中さんより小林さんと仲が良く、一緒に行動することが多かった。越中さんはユニットのリーダーではあるが、どちらかというとプライベートでは一匹狼で、巡業中に食事をする時も大体が単独行動。しかし、関係がギクシャクしていて、別行動を取っていたわけではない。

年齢で言えば、私が2歳上だが、プロレスでは越中さんのほうが10年以上先輩になる。私のことを「青柳！」と呼び捨てにする時もあったが、上下関係が厳しい空手の世界で育った私はそんなことは全然気にならなかった。

私が平成維震軍を離れ、新日本のリングを去った理由は「誠心会館の道場を守るためだった」と、ここに改めて記しておきたい。

新格闘プロレスの誕生と崩壊

私が新日本ラストマッチを終えてから約2カ月後、94年3月に新格闘プロレスという団体が旗揚げした。これをもって、「青柳は新団体を作るために平成維震軍を辞めた」と思っている人もいるようだが、これもまた間違いである。生活の中心を空手に戻すにしても、何らかの形でプロレスにも関われればいいという思いはあったが、自分の団体を持つという考えは微塵もなかった。

発端はジャパン女子プロレスで社長をやっていた持丸常吉さんがオリエンタルプロレスの玉生剛士社長を伴って訪ねてきたことにある。オリエンタルプロレスはパイオニア戦志が解散した後、持丸さんの協力を得て92年6月に剛さんをエースとして旗揚げされた団体だったが、私が新日本を辞めようと思っていた93年12月には解散の危機に陥っていた。

彼らは私が新日本を辞めるという噂を聞きつけたらしく、「館長が空手だけに専念するのはもったいないから、格闘技団体を作りましょう」と持ちかけてきたのだ。

私は「新日本も辞めるし、団体なんてやれないよ」と断ったのだが、「興行は月に1回にします。これなら空手の指導をしながら試合ができるから、館長としてもいいでしょう」と食い下がってきた。

よくよく話を聞くと、彼らは木村浩一郎くんや板倉広くんなど選手を何人か抱えていたものの、プロレスの興行をやるためのリングを持っていなかった。私は誠心会館で何度か自主興行をやっており、空手の稽古と並行してプロレスの練習をするために自前のリングを所有していたので、新日本に上がっていた「青柳政司」という名前とそのリングが欲しくて近づいてきたのだ。

結局、彼らにリングを貸すことにし、それと同時に名義貸しのような形で「青柳政司の新格闘プロレス」として新団体が旗揚げされることとなった。だが、持丸さんはこの時点で外れ、玉生くんが新格闘プロレスの営業を担当するという体制でスタートする。

新日本を辞める直前の1月15日、私は『THE KENKA'94』という誠心会館の自主興行を後楽園ホールで開催しているが、実はその経緯については憶えていない。新格闘プロレスの旗揚げ自体は決まっていたので、もしかしたら玉生くんか、もしくは誰か間に入って先に興行を入れてしまった可能性もあるが、私自身が大会を計画するようなことはなかったと思う。

実際に、この大会にはオリエンタルプロレスの選手たちが参戦していた。私がメインイベントで試合をしたのはオリエンタルの板倉くんで、齋藤くんもこの大会に出場して木川田潤くんと異種格闘技戦を行っている。

当初、玉生くんは新格闘プロレスを「青柳と齋藤の二枚看板」で考えていた。この1月の自主興行の試合後、私は「齋藤にも来てほしい」というようなコメントを出しており、これは憶えている。

しかし、これはあくまで「齋藤くんのような何でもできる人間がいたらいいな」という私の願望を述べたまでで、実際に彼を誘ったという事実はない。

私は齋藤くんには新日本に残ってプロレスを続けてほしかった。元々、彼は準公務員という安定した職を捨ててまでプロレスラーになった男である。せっかく新日本の契約選手になれたのに、その地位を捨ててまで私に付き合わせる必要はない。だから、自分が辞めるという決断をした際にも「お前はここに残れ」と彼には言っている。

結局、私は新日本との契約を終了し、齋藤くんは新日本残留を決めた。彼とは一度、ここで袂を分かつことになる。

新格闘プロレスの正式な設立会見は、2月2日に開いた。その後、2月18日に組まれていた後楽園ホールでの誠心会館の自主興行をプレ旗揚げ戦として開催した。

しかし、この頃の私はプロレス界に身を置いていたとはいえ、選手や関係者たちとの関わりが少なく、ブッキングなどは全て玉生くんがやっていた。話題となった修斗との対抗戦も玉生くんのアイデアである。

私は〝何でもあり〟の試合をやるつもりはなかった。あくまで「プロレスの中で修斗の選手たちと異種格闘技戦としてやれるのであればいい」という感覚だったので、玉生くんに「館長、どうですか？」と聞かれ際、「いいんじゃないか」と言った記憶はある。

私自身、新日本のリングで空手の技術を活かしきれなかったという気持ちはあった。UWFに憧れていたこともあり、もっと自分の長所である格闘技系のプロレスをしたいという思いがあったのも事実である。当時はK－1が旗揚げされて立ち技にも光が当てられるようになっていたから、なおさらだった。

とはいえ、修斗との〝何でもあり〟の対抗戦は私が考えたことではないということは、改めてここで主張しておきたい。

新格闘プロレスは、3月11日の後楽園ホール大会で正式に旗揚げした。

しかし、興行は月に1回だったはずが、しばらくするとなんだかんだと理由をつけてシリーズを組みだした。話が違うと思ったものの、私も名前を貸してしまっている以上、試合には出た。しかし、6カ月以上もファイトマネーが振り込まれなかった。巡業に出てもホテルでもなく、サウナに泊まるような有様だった。

私だけでなく他の若い選手たちにも払われていないと聞き、「お前、選手にお金が払われてないようだけど、どうなってるんだ！」と玉生くんを問い詰めると、「館長、すみません！売上金を車の中に置いていていたら、盗まれました」などと、にわかには信じがたい言い訳をしてくる。玉生くんの正体は、そういう人間だったのだ。

呆れ返った私は「俺は名前貸しみたいなもんだから、ギャラはいらない。その代わり、若い奴らだけにはちゃんと支払え」と伝え、新格闘プロレスを離れた。

私が辞めた時、残った選手の中には「館長は団体を作って、すぐ勝手に放っぽり出した」と不満を漏らす者もいたようだが、私は元々名義貸しであり、お金ももらっていなかったのだ。しかも、新格闘プロレスを辞めた後もリングだけは貸していたのだが、その年の暮れに団体が解散すると、そのまま戻ってくることはなかった。

踏んだり蹴ったりとは、まさにこのことである。本当に嫌な思いをしたが、もはや私に声をかけてきた人物がどこにいるかも分からず、社会勉強をさせてもらったと思うしかない。これが新格闘プロレス旗揚げと私の離脱の真相だ。

新格闘プロレスをやっている間に、ＷＷＦ（現・ＷＷＥ）のマニアツアーに参戦したり、ＷＡＲやＦＭＷにも出た。その事実をもって、「青柳はやはり空手ではなくプロレスをやりたかったのではないか？」と勘ぐるむきもあるが、それも誤解だ。

先にも書いたように、私は道場の経営に支障をきたさない範囲でなら、プロレスとの関わりは持ち続けたいと思っていた。もちろん、プロレスに対しての未練もあった。

だから、新格闘プロレスの話も玉生くんの「月1回の興行」という言葉を信じて受けたのだ。ＷＷＦやＷＡＲ、ＦＭＷもスポット参戦だからこそ受けた話であり、そこを勘違いしてほしくない。ちなみに、ＷＷＦのマニアツアーは『週刊ゴング』の竹内宏介さんからもらった話で、スターの居並ぶあの舞台に立てるチャンスが巡ってきたわけだから、この時はすぐにＯＫを出した。

「館長と何かできればいいな」

私が新日本を離れた後、野上彰くんが平成維震軍にメンバーとして加わったが、外から見ていて「どうしてあんなベビーフェースが入ってきたのかな？」と首をひねった。本人に聞いたことはないが、他のメンバー同様、その時期は主流から外れたポジションだったのかもしれない。しかし、維震軍はそういう人間の集まりだったからこそ、「何としてでも、ここで生きていくんだ」という思いが強く、それが団結力にもつながり、長くユニットが続いたのだろう。

ところで、私は昔も今もプロレスのリングで「空手家」であることを貫いている。当然、試合の流れの中でロックアップのような形になることもあるが、基本的に使うのは突き、蹴りなど空手の技ばかり。当初から自分の中でプロレス技は覚えなくていいという考えがあったから、新日本にレギュラー参戦していた時期も誰かにプロレス的な攻防を習ったことはない。

多くの選手から、「館長、もっとプロレスの技や動きを覚えれば、試合の幅が広がるよ」とアドバイスされた。だが、私は自発的にそれをしなかった。

「引退するまで、空手家としてプロレスをやりたい」

プロレスラーと呼ばれることに抵抗はないが、これが私の信念である。

齋藤くんは私と違い、途中で空手家からプロレスラーに転向した。もちろん、これは批判しているわけではない。齋藤くんが日本のプロレス界で名前の通った選手、真のプロレスラーに成長したことは、私自身も仲間として誇りに思っている。齋藤くんも99年1月に新日本を退団したが、2000年10月には2人で三沢光晴さんが旗揚げしたプロレスリング・ノアに参戦した。その後、齋藤くんが三沢さんに力量を認められ、ノアとレギュラー契約を交わすことになった時は本当に嬉しかった。

私は現在も誠心会館という団体の長であり、新日本に上がっていた頃に比べると支部の数も増え、生活の中心はあくまでも空手に置いている。だが、オファーがあれば、プロレスのリングに上がるようにしている。ただし、怪我をした右足で思い切り蹴ることはできない。

私は2015年にバイク事故で右足を36カ所粉砕骨折し、周囲の神経もズタズタになった。医者から「もう二度と蹴ることはできない」と言われたので一度はマスコミに引退を発表したが、幸運なことにリハビリを続けていると次第に歩けるようになった。

「まともには蹴れないかもしれないが、膝蹴りならできるんじゃないか…」

「以前と同じというわけにはいかないが、まだプロレスをやれるんじゃないか…」

そんな希望を頭の隅に起きながらリハビリに努めた結果、大々的にカムバックと銘打つことはなかったが、何とかリングに戻ってくることができた。

事故から4年が経った今も、右足のリハビリは続けている。試合で踵落としはできるが、以前のような回し蹴りはできない。だが、世の中には身体的なハンディキャップを抱えながら、スポーツをしている人たちはたくさんいる。彼らに比べれば、私などは恵まれているほうだろう。

この書籍を制作中に、谷津嘉章さんが糖尿病により右足を切断したというニュースを耳にした。本人は東京五輪の聖火ランナーを目指しているそうだが、私としては「義足でリングにカムバックしてください！」と、ここでエールを送りたい。

さらに私はこれまで網膜剥離で8回ほど左目を手術しており、現在は9割失明しているような状態だ。分かりやすく説明すると、視力検査の一番大きなマークがボンヤリ見える程度で、左隣に人が座っていても顔を判別できない。トラック運転手をしていた頃に取得した大型免許も更新できず、返納してしまった。

そんな満身創痍の体だから、家族には「もうゆっくりしたら」と言われる。だが、ゆっくりできないのが私の性分で、表現としては少しおかしいかもしれないが、常に「自分を攻撃したい」という気持ちがある。この性格は、おそらく死ぬまで変わらないだろう。

私は今でも小林邦昭さんとはプライベートでも仲が良く、よく連絡を取り合っている。東京に出てきた時は小林さんの家に泊ったりするほどで、小林さんがウチの空手の大会に顔を出してくれることもある。

そういう時に小林さんとは、「新日本の歴史の中でも、平成維震軍が最高に面白いユニットだよね」という話になる。今回、あの時代のことをいろいろ思い出していく中で、忘れていた小林さんの言葉が脳裏に蘇ってきた。

「館長と何かできればいいな」

この言葉を聞いたのは、誠心会館と新日本の抗争が始まる前のことだ。その思いがあの後楽園ホールで私の弟子を殴った事件につながったのかどうかは、本人の口からも聞いたことがないので分からない。私の勝手な想像だが、その後楽園の事件にしても、小林さんは瞬間的に話題になればいいという感覚だったような気がする。

だが、それをきっかけに誠心会館との抗争がスタートし、反選手会同盟が生まれ、平成維震

EVER
STRONG

軍が今も続いているのだから、小林さんのプロレスラーとしての感性が時代を突き動かし、その後のリング上の流れを変えたと言ってもいいのではないだろうか。

今、復活した平成維震軍で私は道着係を担当している。現在は黄色いカラーで統一しているが、これは武藤さんが主宰する『プロレスリング・マスターズ』用に新調したものだ。黄色い道着というのは市販されていないので、全てオーダーメイド。私がお金を出したわけでないが、30万円もかかっている。

試合が終わると私が道着を全て一旦預り、洗濯してから各選手に送り返している。この道着に関しては、最新の軽い素材で作り直すことも考えている。試合開始のゴングが鳴ると、メンバーたちはすぐに脱いでしまうから、そこが製作・管理担当者としては少し複雑な気持ちなのだが…。

もちろん、あの黄色い道着は小林さんの分も作ってある。ぜひとも小林さんも復活した平成維震軍に戻ってきてほしい――。それが私の願いであり、本人も同じ気持ちだと信じている。

第5章

木村健悟

木村健悟
Kengo Kimura

1953年9月4日生まれ、愛媛県新居浜市出身。身長186cm、体重107kg。中学卒業後に大相撲の宮城野部屋に入門し、木村山の四股名で序二段まで昇進する。大相撲廃業後の1972年に日本プロレスに入門。同年8月2日に喜界島中学校グラウンドで、佐藤昭雄を相手にデビューを果たす。1973年に坂口征二らと新日本プロレスへ移籍。1978年より海外遠征に出発し、メキシコではNWA世界ライトヘビー級王座を奪取。帰国後は藤波辰爾のライバルとして活躍し、NWAインターナショナルジュニアヘビー級王座を奪取するなどジュニア戦線を盛り上げた。1982年よりヘビー級に転向。1985年には藤波とのタッグで初代IWGPタッグ王者に輝く。また、1986年からは藤波と抗争を繰り広げ、1987年1月14日には後楽園ホールで藤波vs木村のワンマッチ興行も行われている。1992年に越中詩郎らと反選手会同盟(後の平成維震軍)を結成し、その一員として活躍。2003年に現役を引退し、2011年より東京都品川区の区議会議員を現在まで3期務めている。

1992年8月に反選手会同盟が誕生したことは、俺にとっても大きな転機になった。当時の新日本プロレスは武藤敬司、蝶野正洋、橋本真也の闘魂三銃士ら若い選手たちがメインイベントを務めるようになってきた時期で、俺はタイトルに絡むこともなくなり、試合順も前半や中盤になっていた。ファンからは、会社の中で埋もれているように映っただろう。

俺は72年8月に日本プロレスでデビューしたから、この時キャリアはちょうど20年で、ベテランもいいところだ。トレーニングも自分なりに納得のいく形でこなしていたが、ここからどういうレスラー人生を進めばいいのか方向性が見えていなかったかもしれない。休憩前に会場を温めておくことは、プロレスという興行の中で大事な役割である。とはいえ、プロレスラーとしての欲を失っていたわけでは決してなかった。

考えてみれば、越中詩郎も小林邦昭もかつてはジュニアヘビー級のトップとして一時代を築いていながら、この頃は新陳代謝が進む新日本の中で埋もれつつあった。彼らもまた闘魂三銃士がマッチメークの中心になっていく中で、「このままでは終われない」という頭があったはずである。

この反選手会同盟がスタートするにあたって、現場監督だった長州力から何かを指示された記憶はない。フロントの取締役だった永島勝司が裏で動いていた部分もあったようだが、この反選手会同盟というものが大きな流れを生み出すと考えていた人間は新日本の中で誰もいなかったはずだ。

俺のプロレス美学には反するが…

反選手会同盟が平成維震軍となり、7年も続いた要因の一つとして越中の頑張りとリーダーシップが挙げられるだろう。

越中と俺は、実は誕生日が同じ9月4日。年齢は俺のほうが5つ上で、当然ながらプロレスのキャリアも古い。だから、それまでは後輩扱いをしていた。

越中との初対面は85年に彼が全日本プロレスから新日本プロレスに移籍してきた時で、それまで面識はなかったように思う。もしかしたら、プロレス大賞の授賞式なんかで顔を合わせているのかもしれないが、気に留めたこともなかった。

当時はアントニオ猪木さんとジャイアント馬場さんのライバル関係もあり、「全日本なんかに負けてたまるか」、「新日本のほうが上なんだ」という意識をみんなが強く持っていた時代である。新日本の中には全日本から来た越中のことを快く受け入れられなかった人間もいて、彼自身も当初はどこか組織の中で浮いていた。

ただ、あの頃の新日本は前田日明、藤原喜明らが旧UWFに移籍し、長州ら維新軍もジャパンプロレスを作るなど選手の大量離脱があった直後で、レスラーの数が不足していた苦しい時期でもあった。そんな時に全日本から新日本に一人で飛び込んできて、我々と一緒にやっていこうとしてくれた越中は本来なら会社にとってありがたい存在である。この時期、世間的には

「新日本プロレスの木村健悟」というのが定着していたが、俺自身も73年に日本プロレスから新日本に合流してきた〝外様〟だ。越中の心情は他の選手たちより理解していたと思っているし、先輩として彼に何かと声をかけていた記憶がある。

外様でありながら初代IWGPジュニアヘビー級チャンピオンになるなど新日本のリングでどんどん頭角を現していった越中の頑張りは、眼を見張るものがあった。平成維震軍が長く続いたのも、越中のそういった「このリングで這い上がってやろう」、「新日本の生え抜きの奴らには負けたくない」という気持ちが強かったからだと思う。

個人的なことを言わせてもらうと、袴を穿いたり、日の丸のハチマキを締めたり、頭を丸坊主にしたりすることや、あの「やってやるって！」という口調にしても、俺のプロレス美学からは反するものであるのだが、越中がやるとなぜか様になる。たまに気合いが入りすぎて空回りすることもあったが、そんなことも含めて憎めない奴なのだ。

「これが全日本のプロレスなんだな」

反選手会同盟をスタートさせた翌月、俺たちは天龍源一郎が旗揚げした新団体WARに乗り込むことになった。この時は、まず天龍が「新日本の長州力と戦いたい」というコメントを出し、それに対して越中が「新日本と絡もうとするなら、その前に俺たちがやってやるって！」

と噛みついて抗争が始まったはずだ。

当時の我々は反選手会同盟というものを始めたばかりで、存在感を示さなければいけない時期だったが、その相手が新日本の本隊だろうと、天龍たちのＷＡＲだろうと、正直言って俺は誰でも良かった。

ただ、ＷＡＲに乗り込むとなると、〝団体対抗戦〟という形になるので間違いなく大きな注目が集まる。しかも、我々は「反体制」というポジションだったが、こういう図式になれば新日本のファン全員が俺たちを応援することになる。そういう意味では、反選手会同盟とって最高の船出だったといえるだろう。

また、団体名はＷＡＲだが、俺としては全日本プロレスに乗り込むような気持ちだった。その2年半前、90年2月10日に東京ドーム大会で木戸修さんと組み、全日本のジャンボ鶴田＆谷津嘉章と対戦した時と同じような気持ちだったといえば、分かってもらえるだろうか。

当時、鶴田は全日本のエースで、「プロレス界最強」などと言う人間もいたようだが、俺は本気で「冗談じゃない！」と思っていた。確かに、アマチュアレスリングでオリンピックに出ているので基礎はできているのかもしれない。だが、プロレスラーとしてはどこか抜けている感じがしたし、試合から緊張感や迫力が全く伝わってこなかった。俺はこの試合が組まれた時に「これは新日本と全日本の違いをファンに分からせる絶好のチャンスだな」としか考えておらず、もちろん気後れなんて一切なかった。

実際に鶴田と対戦してみた感想は、「懐が深いな」ということ。だが、プロレスラーとしての強さは、やはり感じなかった。こちらが攻撃しても力を吸収されるような感覚があり、「何とも得体の知れないレスラーがいるんだな」、「これが全日本のプロレスなんだな」という印象を受けた。

そんな鶴田の印象があったので、WARに上がる前は同じ全日本出身の天龍も同じようなタイプのレスラーなのだろうと思っていた。

それまで天龍との接点は特になく、俺が海外修行に出ていた時期にサンフランシスコで一緒になったことがあるようだが、俺自身は全く記憶にない。

俺は日本プロレスに入る前、天龍と同じく相撲界にいた。四股名は木村山。ただし、向こうは後に幕内入りする有望力士で、こちらは序ノ口、序二段をウロウロしているようなダメ力士だったから、天龍は俺のことなど鼻にもかけていなかっただろう。

だが、プロレスに入ってしまえば、相撲時代の番付は関係ない。俺は若い頃から「自分は厳しいトレーニングを積んだ新日本プロレスのレスラーなんだ」、「アントニオ猪木の弟子なんだ」という思いがやたらと強かった。だから、全日本の選手を下に見る傾向があったことは否定しない。

海外修行でロサンゼルスやサンフランシスコに行った時には昔ながらの東洋系ヒールをやらされたが、いわゆる田吾作タイツを穿いてコソコソと小賢しい反則をするような試合をやるのは本意ではなかった。「俺はアントニオ猪木を背中に背負って海外に来てるんだ」と本気で思っていたから、そんな道化のようなことをするのは恥ずかしく、新日本で培ったレスリングのスタイルを崩したくなかったのだ。

その後、メキシコに転戦した時も向こうのルチャ・リブレに合わせる気は毛頭なかった。あんな飛んだり跳ねたりする軽いプロレスは、今でもクソだと思っている。俺はリングの上で新日本のスタイルを貫き、現地の英雄であるエル・サントだろうが何だろうが、「これが神様？バカヤロー、単なるクソジジイじゃねえか！」とガンガン攻撃したら、凄まじいヒートを取った。

一緒にメキシコにいた佐山サトルに「木村さん、絶対に場外には出ちゃダメですよ。銃を持っている奴もいますから、客に殺されますよ」と忠告されたものの、俺は一切聞く耳を持たず、生意気な客がいたら片っ端からぶん殴っていた。おかげでトップヒールというポジションになり、一気にNWA世界ライトヘビー級チャンピオンにもなったのだが、自分ではヒールをやっているつもりは全くなく、俺が新日本のスタイルでガンガン攻めるので客が勝手にヒールだと思っただけの話である。

話がだいぶ逸れてしまったが、WARに上がった時もヒールとして乗り込んで行くという気持ちはなかったし、俺の中には新日本と全日本の違いを見せてやろうという気概しかなかった。

反選手会同盟が初めてWARのリングに乗り込んだのは、92年9月15日の横浜アリーナ。組まれた対抗戦は2試合で、まず青柳館長がWARの若手だった折原昌夫にリングアウト勝ちを収め、俺は越中と組んでサムソン冬木&北原辰巳と対戦した。

自分で言うのもなんだが、試合はあらゆる意味で我々の〝圧勝〟だった。北原は、どこの団体にでもいるような中堅というのが率直な印象。冬木のほうもよく憶えているわけではないが、ハッキリ言って好きなタイプではない。

WARの選手たちと対戦してみて感じたのは、「やっぱり新日本と全日本は水と油だな」ということだ。やはり全日本は馬場さんが作った団体だから、鶴田にしろ、みんな馬場さんのようなスタイルになっていく。要は厳しいトレーニングを毎日こなしているようには思えないのだ。

俺の頭の中には、猪木さんの「プロレスラーはこうあるべき」という考えが常にある。その価値観からすると、「全日本はダメ」とまでは言わないが、WARの選手たちと対戦しても「ああ、全日本っぽいな」という思いは変わらなかった。

ただ、WARで一人だけ肌を合わせてイメージが変わったレスラーがいる。それが天龍だ。天龍は元相撲取りということもあるのかもしれないが、打たれ強く、こちらの攻撃を全て受け止めてきた。その上で強烈なチョップ、サッカーボールキックなどを返してくる。鶴田と同じようなタイプかと思っていたが、おそらく天龍は全日本の中で異質な存在だったのではないだろうか。

天龍とは93年2月6日、千歳市スポーツセンターでシングルマッチも組まれた。最後はパワーボムで俺が敗れたが、反選手会同盟～平成維震軍時代の試合の中で最も印象に残っており、納得もしているのがこの一戦だと書けば、俺がどれほど彼を評価しているか分かってもらえるだろう。

〝生きた教科書〟カブキさんの加入

WARとの抗争が始まった後、ザ・グレート・カブキさんが反選手会同盟の新メンバーとして加わることとなった。

カブキさんは、俺にとって日本プロレス時代の8年先輩にあたる。新弟子だった俺にとっては雲の上の存在だったわけだが、俺が72年に入門した時、当時のリングネームで言うところの高千穂明久さんは長期のアメリカ修行に出ていた。

その頃、日本プロレスの内部はゴタゴタしており、猪木さんが半ば追放されるような形で新日本プロレスを旗揚げし、その後には馬場さんも離脱して全日本プロレスを設立した。BI砲という2大エースを失った危機的状況の中、カブキさんは当時の社長である芳の里さんに呼び戻されたのだと思う。

カブキさんは72年秋に帰国すると、坂口征二さんと組んで『第3回NWAタッグ・リーグ戦』

で優勝した。日本プロレスの救世主のような扱いだったが、俺は翌73年3月に坂口さんと共に新日本に合流したので、カブキさんと一緒にいた期間は半年程度。正直、あまり印象に残っていない。

だから、カブキさんのことも反選手会同盟に入ってくるまで「典型的な全日本のレスラー」だと思っていたのだが、一緒にタッグを組むようになり、いい意味でその印象は覆された。

考えてみれば、カブキさんは長年全日本に所属していたが、別に馬場さんに育てられたわけではない。日本プロレスでデビューした後、海外のいろいろなテリトリーを回って自分のスタイルを作り上げてきたレスラーである。だから、全日本スタイル一辺倒というわけではなく、基礎的な部分が日本プロレス流でしっかりしている上、いろいろなスタイルに対応できる柔軟性を持っていた。

それもあってかカブキさんはすぐに反選手会同盟に溶け込んでいたし、新日本のリングで違和感なく試合をしていたのは、まさにベテランの〝実力〟である。プロレスの経験が浅かった青柳館長や齋藤彰俊にとっても、〝生きた教科書〟であるカブキさんから学んだことがたくさんあったはずだ。

93年には、後藤達俊と小原道由が新メンバーとして加入した。2人ともいかつい風貌をしているが、普段はおとなしい部類に入る男である。

小原のほうは少し何を考えているのか分からないところがあり、常にムスッとしていて、たまに少し笑うくらいなので、初めて会った人にはちょっと不気味な人間に映ったのではないだろうか。ただ、国士舘大学柔道部という縦社会で生きてきたから、礼儀作法はきちんとしていた。

反選手会同盟はベテランが多かったので、小原のような若くてガンガン動ける人間が入ってくれたことは非常に大きかった。歳を取ってくると、タッグマッチでは自然とタッチする時間が早くなるものだ。俺も若い頃にベテラン選手とタッグを組むと、すぐに自軍コーナーに戻ってくるので、「えっ⁉ もうタッチですか？ 早いですね…」と心の中で思っていたものだが、小原たちが入ってきた頃は俺も40代だったから、自分自身もそうなり始めていたかもしれない。そういう意味では、小原などはいくらでも動き、攻撃も受けもしっかりしていたから頼もしい存在だった。

あの「角刈り」は俺なりの覚悟の表れ

この時代、俺たちはチームとしての一体感を出すために揃いのコスチュームを着ていた。今も平成維震軍の象徴のようになっている、あのカラー道着である。

だが、猪木さんの背中を見て育ってきた俺にとって、道着姿は少し抵抗があった。シンプルなショートタイツとリングシューズ。あの猪木さんのようなコスチュームこそプロレスラーの

〝正装〟だという考えは、今でも俺の中で変わらない。

しかし、道着以上に大きな問題が起きたことがある。あれは反選手会同盟がスタートした直後のこと。リーダーの越中が「俺たちの決意と覚悟を示すために全員でスキンヘッドにしよう」と言い出したのだ。

覚悟を見せるのはいいが、別に髪を切ることはないだろう。俺からすれば、全員が丸坊主なんて昔の野球部か刑務所みたいなものだ。

俺自身、丸坊主になるのはメキシコ時代に髪切りマッチで負けた時以来。あの時はそういうルールだから仕方がないし、逆に日本人の潔さを見せてやろうとリングの上で胡坐を組み、正々堂々と髪を切らせてやったが、なぜこんな年齢になって頭を剃らなきゃいけないのか。

正直、嫌で仕方がなかった。それでも意を決して理髪店に行ったのだが、さすがにスキンヘッドにすることは最後まで決断できず、短めの角刈りにしてもらったら、「何ですか、その頭は！」とメンバーたちからさんざん責められることになった。

後に長髪だったあのカブキさんまでスキンヘッドにして、後藤に至っては何を考えているのか眉毛まで剃った。それを考えると、俺の髪型はいかにも中途半端だったかもしれないが、俺にとってはあの角刈りでも清水の舞台から飛び降りる覚悟だったことは分かってほしい。

小原道由

俺とサンペイちゃんの微妙な関係

平成維震軍は、ある意味で寄せ集めのメンバーだったため年齢もキャリアも出身団体もみんなバラバラだった。

例えば越中は維震軍のリーダーだが、最初に書いたように年齢もキャリアも俺のほうが上。カブキさんは年齢もキャリアも一番上だったが、後から加わった助っ人的なポジションだったので俺や越中を支える立場に回ってくれた。

もちろん、リングを降りれば、越中は俺を「木村さん」と呼び、俺は「越中」と呼び捨てにしていた。そういった一般社会と同じ先輩後輩の関係、年功序列は守られていたが、リングに上がってしまえば、そんなことは関係ない。みんながそれぞれの立場で、それぞれの役割を果たしていたのが平成維震軍の強みだったと思う。

齋藤は年齢が小原の次に若く、キャリア的には一番下だったが、彼自身いいものを持っていたし、必死になって試合をしていたので、俺やカブキさんはタッグを組む時に彼のいいところを引き出してあげるような役回りをしてきたつもりだ。

それは越中に対しても同じで、彼がリーダーであり、試合前のコールが一番最後だということも俺やカブキさんは納得していた。

もう一人のベテランであるサンペイちゃんこと小林邦昭も、チームを脇から支えるような立場に回ってくれた。

先ほどの先輩後輩ということについて言えば、実は俺とサンペイちゃんが一番微妙な関係だ。年齢は俺のほうが3つ上で、プロレスラーとしてのキャリアも少し長い。しかし、サンペイちゃんは新日本プロレスが旗揚げした72年に入門し、俺は翌年に日本プロレスから移籍してきたので、新日本では彼が先輩という形になる。

俺たち日プロ組が新日本に合流した時、彼の中で思うところがあったのだろう。さすがに年上の俺に対して面と向かって「木村」と呼び捨てにはしなかったが、「木村さん」とも絶対に呼ばなかったし、俺のことは「そっち」という呼び方をしていた。おそらく「お前は俺の先輩じゃない」という気持ちがあったはずで、付き合い方を模索しているような印象を受けた。

だからといって、サンペイちゃんと揉めたことは一切なく、打ち解けたのは早かったように思う。温厚で優しい性格の彼がリーダーとなった越中を支えたり、空手の世界から来た青柳館長や齋藤をいろいろな面でサポートしたことも平成維震軍がうまく回っていた大きな理由の一つだろう。サンペイちゃんは病気のこともあり、試合に出られない期間が長かったが、平成維震軍には必要不可欠な存在だった。

平成維震軍は与党になってはいけない

94年になると、平成維震軍は勢いに乗る形で11月13日の東京ベイNKホール大会を皮切りに独立興行を行うようになっていく。それまでも反選手会同盟の頃から自主興行を打っていたが、〝独立〟という形へ変化したのは2部リーグ制導入を考えていた会社側のテストケースという側面が強かった。

当時、新日本はかなりの大所帯となっており、会社としてそれを維持していくことが大変だったのは間違いない。そこで2つのグループに分けて興行数を増やし、増収につなげようと考えていたのだろうが、正直言って俺自身は平成維震軍が独自のシリーズを組んでも成功するとはとても思えなかった。

やはり平成維震軍は新日本の中で「本隊の対抗組織」であるからこそ存在価値があり、俺たちを応援してくれていたファンたちもそこに魅力を感じていたはずである。それが自分たちで興行を行い、外から敵を迎え撃つという形になると、全く逆の立場になる。そうすると、平成維震軍の良さも消えてしまうのだ。

95年には平成維震軍の独立興行の中で、長州力、谷津嘉章、マサ斎藤、アニマル浜口、寺西勇らによる昭和維新軍との対抗戦が始まった。この対立構図自体は良かったと思うが、これも平成維震軍が自分たちのリングで彼らを迎え撃つという形が良くなかった。

先ほども述べた通り、平成維震軍は『反選手会同盟』として始まったように体制に歯向かってこそファンの支持を集められる。ところが、昭和維新軍との抗争は単なる「軍団抗争」になってしまった。実際には長州やマサ斎藤さんは体制側の人間なのだが、谷津や浜口さんもいたから、そういう視点であの抗争を見ていたファンは少ないはずである。

政治の世界でいえば、やはり平成維震軍は野党であり、与党になってはいけなかった。NKホールの維震軍旗揚げ興行で剛竜馬がマイクを握り、「平成維震軍、お前ら、ちょっと違うんじゃないか?」と言ってきたシーンを憶えている方もいるだろう。剛にそんなことを言われる筋合いは全くないのだが、「ちょっと違う」のは自分たちでも分かっていた。それでも新日本プロレスの一員として、何とか成功させようと我々なりにもがいていたというのが実情だった。

結局、平成維震軍というグループには多くのファンがついてくれたが、維震軍興行にはファンがつかなかった。ここがプロレスの難しいところである。

「引退」の2文字が頭に浮かんだ瞬間

独立興行が軌道に乗らなかったことが平成維震軍自体を弱らせたような気がしてならない。

また、新日本内部では蝶野たちの狼群団やnWoジャパンといった新たな反体制グループも生まれ、我々の存在価値が希薄になってきたことは自分たちでも感じていた。

そんな中で俺は平成維震軍をどう存続させるかということよりも、自分自身の身の振り方を考え始めていた。

元々、俺はプロレスラーは40歳手前で引退するべきという考えだ。40歳を超えて体力が落ちてきたら、若い頃のような動きをお客さんに見せられなくなる。結局、49歳まで現役を続けたのだが、自分の中では長くやり過ぎたと思っている。

プロレスの場合は他のスポーツと異なり、歳を取ったら取ったで、若い頃には出せない味が出てくることも確かだ。だから、今は50代、60代になっても現役を続けているレスラーがいる。ただ、ベテラン同士でたまに試合をするならいいが、若い選手たちと同じ土俵に立てなくなったら、やはりリングを降りるべきだ。

引退を考え始めたのは、ちょうど平成維震軍の旗揚げ興行の頃である。鏡で自分の体を見れば、限界が近づいてきているかどうかは分かる。若い選手と比べて、練習量が足りていないことは自覚していた。所用が増えたりして、それまで道場に週5日は行っていたのが、週2〜3日になったりすると、その影響は必ず体に出てくる。

だから、俺は98年の参議院議員選挙に民主党から比例区で立候補した時、もし当選したら引退するつもりだった。

だが、当時は今と違って比例は名簿の順番で当選が決まっていく形だった。そのため俺個人がどれだけ票を取ったとしても、23位という低い順番では当選が難しいことは最初から分かっ

ていた。結局、落選したので、そのまま新日本に戻ることとなったが、もうあの時点で自分の中では半ば引退していたと言ってもいい。

平成維震軍の後期は、リングに上がりながら「そろそろ潮時だな」と常に感じていた。プロレスラーは一度リングに上がってしまえば意外と動けてしまうので、「まだまだできる」と思い込んでしまうところがある。しかし、ファンの目はごまかせない。若い選手のパンパンに張った体と歳を取って筋肉が下がってきた体を見比べたら、誰の目にも違いは一目瞭然だ。それをだましだましレスリングをするようになると、プロレス自体をどんどん地に堕としていくことになってしまう。

俺は平成維震軍に在籍しながら、本隊の藤波辰爾と共闘するようになり、97年1月4日の東京ドーム大会で蝶野正洋&天山広吉からIWGPタッグ王座を奪取したことがあった。

俺にとっては、9年ぶりのタイトル獲得である。レスラーとして嬉しい気持ちもあったが、藤波辰爾という体制側の人間とタッグを組み、俺が道着を脱いで黒のショートタイツに戻ったのは、新日本プロレスの中で平成維震軍の役割が終わりつつあることを示す象徴的な出来事だったと思う。

結局、平成維震軍はその後も2年近く続き、99年2月22日に解散した。

すでに青柳館長、カブキさん、齋藤は新日本を離れており、サンペイちゃんもガンの手術のために再び欠場中だった。最後に加入した野上彰も目の負傷で欠場していたが、この直前に復帰し、蝶野と共闘していたので、残ったメンバーは俺と越中、後藤、小原の4人になっていた。

解散が決まった時、俺自身の中で寂しいという気持ちはほとんどなかった。本来、こういった軍団は続いても2~3年である。長く続けば続くほど、どうしても新鮮味がなくなってくる。このメンバーで、よくぞ7年間も続いたというのが正直な思いだ。

平成維震軍が解散した後、俺は本隊に戻ったが、若い選手が育ってきたことや自分自身のコンディション低下もあり、ほぼセミリタイヤ状態になった。

正式な引退試合は2003年4月18日に後楽園ホールでやらせてもらったが、自分の中で木村健悟というレスラーは平成維震軍で燃え尽きたと思っている。

我がプロレス人生に一切の後悔なし

引退後は新日本プロレスのスカウト部長などを経て、現在は品川区議会議員の3期目を務めさせていただいている。

体調は正直言って、それほど良くない。5年前に首の手術を行い、18年4月には腰椎の手術もして、腰にボルトが2本入っている。その影響もあって今は歩行が困難となり、普段は杖をついて歩いている。

俺は15歳で相撲の世界に入って宮城野部屋に入門したのだが、稽古で投げられると腰椎分離症になって立ち上がれないことがたびたびあった。もしかしたら、その頃のダメージが尾を引いているのかもしれない。

さらにプロレスの世界に入ってからは試合でも練習でも受け身を取るので、そういったことの積み重ねの後遺症なのだろう。

首に関しては、やはり現役時代の厳しいトレーニングが影響している。若い頃は首を強くするために腹の上に選手を何人も乗せてブリッジをするなど、多くの無理をしてきた。猪木さんが毎日のように人を乗せてブリッジをしている姿を見ていたから、俺も同じようなことをやっていたのだが、思えばそのたびにプチュプチュと首の軟骨が潰れるような音がしていた。

「若い頃、あんな無理をしなければ、今でも普通に歩けたのかな?」

そう思うこともあるが、あの時代の厳しいトレーニングがなかったら今の木村健悟はなかっただろうし、反選手会同盟や平成維震軍も成功しなかったかもしれない。

今回、改めて自分のレスラー人生を振り返ってみて、平成維震軍はやはり集大成だったと思う。72年に日本プロレスに入門し、73年に新日本プロレスに移り、厳しいトレーニングに耐えながら新人時代を過ごしてきた。

海外に出てからは「新日本プロレスのレスラーだ」という思いを胸に目一杯暴れて、帰国してからは藤波辰爾という生涯のライバルを得ることができた。これも自分にとっては大きなことだった。

そして、プロレス人生の最後の仕上げとして、平成維震軍で残り火を全部燃やし尽くすことができた。

改めて自分が幸せだと思うのは、尻つぼみでレスラー人生を終えるのではなくて、平成維震軍として最後に存在感を示してから辞めることができたことだ。

そうした時間があったからこそ、何の未練も残すことなくリングを降りることができたし、こうして今、品川区民の生活のために働ける仕事にも就けた。

もしかしたら、両親はもっと凄い男になってほしいと思って俺を生んでくれたのかもしれない。それに応えられなかったのは少し残念だが、自分の中ではプロレスラーとしてやるだけのことはやったという満足感がある。

我がプロレス人生に後悔は一切なし。もしかしたら、「トップに立てずに、中途半端なレスラーだったな」と言う人間もいるかもしれないが、それがプロレス界で木村健悟というレスラーに与えられた役目だったとしたら、俺は全力で全うしたと思っている。

第6章

ザ・グレート・カブキ

ザ・グレート・カブキ

The Great Kabuki

1948年9月8日生まれ、宮崎県延岡市出身。身長180㎝、体重110kg。中学卒業後の1964年に日本プロレスに入門。同年10月31日に、石巻小学校特設リングにおいて山本小鉄を相手に高千穂明久のリングネームでデビューした。1970年にアメリカ遠征に出発。1972年に凱旋帰国し、『第3回 NWAタッグ・リーグ戦』に坂口征二とのコンビで出場して優勝を果たす。1973年に全日本プロレスに移籍。その後、アメリカを主戦場にするようになり、1981年にダラス地区でペイントレスラーのザ・グレート・カブキに変身し、トップヒールとして大人気を博す。1983年に凱旋帰国すると、日本でもカブキフィーバーを巻き起こした。1990年に全日本を退団すると、SWS、WARを経て、1992年11月より新日本プロレスの反選手会同盟に加入。新日本の契約選手となり、その後も平成維震軍の一員として活躍した。1995年7月に新日本を離脱後は東京プロレス、IWAジャパンと渡り歩き、1998年に引退。2002年頃より再びレスラーとしてリングに上がるようになるが、2017年12月22日に長い現役生活に終止符を打った。

俺は都内で居酒屋を経営するかたわら、2017年12月22日までレスラーとしてリングに上がり続けた。今はもう試合をすることはないが、セコンドやら何やらで相変わらずプロレスの興行に呼ばれることも多い。日本プロレスでデビューしたのが1964年10月31日だから、足かけ54年のプロレス人生になる。

ウチのお店に来るお客さんは、当然ながら熱狂的なプロレスファンが多い。その中には日本プロレス時代の「高千穂明久」が好きだったという年配の方もいれば、全日本プロレスに凱旋帰国した「ザ・グレート・カブキ」の姿に衝撃を受けたという方もいる。

だが、俺自身が最も楽しくレスラー生活を過ごせたのは、平成維震軍の一員として新日本プロレスのリングに上がっていた時代だ。

俺がそんな話をすると驚くお客さんもいるが、ここに記した思い出話を読めば納得してもらえるのではないだろうか。

「SWSの崩壊」と「WARの旗揚げ」

俺が長年所属していた全日本プロレスを離脱して、メガネスーパーが立ち上げたSWSという新団体に移籍したのが90年。もういろいろなところで語り尽くしてきたが、このSWS時代は胸くそが悪くなるようなことばかりだった。

ＳＷＳは部屋別制度を導入し、俺はレスラーとしては天龍源一郎率いるレボリューションの所属だったが、その一方で各部屋のトップ選手たちによる理事会の一員でもあり、「編成部長」という肩書で日々のカードを組むマッチメーカーも務めていた。

マッチメーカーというのは確かに骨が折れる仕事だ。その反面、本来は強い権限も持っている。だが、ＳＷＳは先に触れた理事会による合議制という形で現場を運営しており、これがそもそもの間違いだった。わがままなレスラーたちを相手にマッチメークをしていると、神経はすり減っていくばかり。部屋別制度が生んだ不毛な派閥抗争の狭間で、俺は体に変調をきたすほどストレスを抱えていた。

結局、寄せ集め集団だったＳＷＳは2年ほどで崩壊する。たった2年と思うかもしれないが、「あれだけ分からず屋が集まった団体がよくもそんなに続いたな」というのが俺の正直な感想だ。

ＳＷＳが解散することになって、俺は万々歳だった。もうくだらない人間関係に振り回されずに済む。結局、ＳＷＳは天龍派（レボリューション）のＷＡＲ、反天龍派（道場・檄、パライストラ）のＮＯＷという2団体に分かれたのだが、レボリューション所属だった俺は自然な流れでＷＡＲに参加した。

ＷＡＲの旗揚げ戦が開催されたのは92年7月14日、後楽園ホール。この時、ＷＡＲは新日本プロレスとの対抗戦に活路を見出そうとした。天龍が集まったマスコミに「長州力、アントニオ猪木さんと戦いたい」とコメントを出したのだが、それを受けてＷＡＲに乗り込んできたのは長州ではなく、『反選手会同盟』と称する連中だった。

その中心にいた越中詩郎は、俺にとって全日本時代の後輩になる。しかし、それほど深い関係にあったわけではない。彼は78年に全日本に入門したらしいが、その頃の俺はミスター・サトを名乗ってアメリカのフロリダ地区で仕事をしていたから、入ってきたこと自体知らなかった。

初めて越中と顔を合わせたのは、翌年8月26日に開催された『プロレス 夢のオールスター戦』に合わせて俺が一時帰国した時になる。とはいえ、ジャイアント馬場さんの下で雑用をやっている〝細いあんちゃん〟という印象しかない。向こうから挨拶してきたはずだが、俺はかなり歳の離れた先輩になる。越中もなかなか声をかけづらかっただろうし、それほど会話を交わした記憶はない。

ただ、あの時代の全日本の若手だから、越中は相当な苦労をしたはずだ。当時はグレート小鹿さんや大熊元司さんといった日本プロレス育ちのとんでもない先輩たちが我が物顔で後輩たちをかわいがっていた。後で聞いた話によると、俺も「酒を飲むと目が据わってきて怖い」という噂を立てられていたようだが、小鹿さんや大熊さんよりはマシだろう。

今では有名な話だが、旅館でみんなで食事をしている時に小鹿さんが若手だった三沢光晴の頭を鍋の蓋でぶっ叩いたことがあった。

「小鹿さん、そんなことをやるんじゃないよ。いつか、こいつらに飯を食わせてもらうようになるんだから」と俺が注意しても、「バカ野郎、いいんだよ！」と聞く耳を持ちやしない。越中もそんな先輩たちの理不尽なかわいがりを毎日受けながら育ったレスラーの一人だ。

オールスター戦の後、俺は半年ほど日本にいたものの、全日本は居心地が良くなかったし、ロサンゼルスに家族もいたのでアメリカに戻った。次に帰国したのは84年。そう、俺がザ・グレート・カブキとして凱旋し、フィーバーを巻き起こした時だ。

結局、越中は俺が帰国してから1年くらいで三沢と一緒にメキシコへ武者修行に出た。しかも、そのまま新日本プロレスに引き抜かれたので、以降は顔を合わせることもなくなった。

その越中が新日本で新しい軍団を作ろうが、俺には関係ない話でしかなかった。

日本プロレス時代に木村健悟とは…

長州や猪木さんに対戦を要求した天龍に対し、「俺たちが先に潰してやる！」と反選手会同盟はWARのリングに乗り込んできたわけだが、これは言うまでもなく会社同士のビジネスである。天龍にしても、新日本の現場を仕切る長州にしても、ここで交わればお互いにプラスになると踏んだということだ。

旗揚げから2カ月が経ち、92年9月15日にWARは横浜アリーナで初めてのビッグマッチを開催した。そもそも横浜アリーナを借りたのはSWSなのだが、キャンセルできずにWARで興行をやらなければいけなかったからである。しかし、こんな大会場をＷＡＲだけで埋めるのは至難の業だ。おそらく長州が「助け舟」として越中率いる反選手会同盟をＷＡＲに派遣したのだろう。

最初にＷＡＲに乗り込んできたのは越中と木村健悟、もう一人は青柳政司という空手家だった。当然、試合は観たが、面白い連中だと思ったし、若手時代しか知らない越中も仕事ができるようになっていた。

木村は俺にとって日本プロレス時代の後輩になる。72年8月にデビューしたというから、ちょうど俺が初めての海外修行から凱旋帰国する直前だ。

俺が社長の芳の里さんから連絡をもらって帰国したのは、猪木さんと馬場さんが抜けた穴を補強するためだった。俺は気乗りしなかったが、社長命令だから断るわけにもいかない。新たにエース格となった坂口征二さんとのコンビで10月に開幕する『第3回ＮＷＡタッグ・リーグ戦』に出るため、嫌々ながらも2年ぶりに俺は日本に戻った。木村とはこの時に初対面したわけだが、礼儀正しかったという印象がある。

木村は当時、俺のタッグパートナーである坂口さんの付き人を務めていた。だからといって、彼に自分の世話までさせたことはない。俺は付き人をつけない主義で、海外で何事も一人でやっていた癖が身についていたから、他人にカバンの中をいじられるのが嫌なのだ。

彼の試合っぷりもよく憶えている。相撲時代の最高位は序二段だったらしいが、その大きな体を活かして迫力のある試合をしていた。器用とは言えなかったものの、そんな彼も越中同様、キャリアを積み重ねて、仕事のできるベテランレスラーになっていた。

俺が反選手会同盟に合流した経緯

ＷＡＲに所属していた俺が、なぜ反選手会同盟に合流することになったのか。実は自分でも裏事情がよく分からないのだ。ＷＡＲのリング上で俺は反天龍というスタンスだったから、越中たちと「共闘」することになっても確かに違和感はないのだが、少なくとも俺から言い出したことではない。

対抗戦がスタートした後、新日本のスーパー・ストロング・マシンがＷＡＲにレギュラー参戦することになった。これもどういった事情があったのか今でもよく分からないのだが、ＷＡＲ側からの要望だったという話も聞く。その一方で、俺が新日本のリングに上がるというプランも水面下で進んでいたようだ。

ある日、天龍から話を持ちかけられた。

「カブキさん、新日本に仕事で呼ばれているんですけど、どうですか？」

アメリカ暮らしが長い俺にとって、他の団体に移籍することはテリトリーを移るのと同じ感覚である。レスラーとして何かしらの刺激が欲しいとも思っていたから、断る理由は何もなか

NEW JAPAN
PRO WRESTLING

った。

話はトントン拍子に進み、俺とマシンの交換トレードが成立した。条件面は一切向こう任せだったが、WARと同じだったような気がする。こうして、俺は一旦WARを離れ、「新日本プロレスの契約選手」になることが決まった。

その後、新日本のスタッフから「カブキさんは反選手会同盟に入ります」と告げられた。俺の反選手会同盟入りは、11月17日に福井県鯖江市のホテルで記者会見を開くという形で発表されている。突然、「鯖江というところに行ってください」と言われたから面食らったが、そこにも何らかの事情があったのだろう。通常、この手の会見は事務所やマスコミが多く集まる都内の会場でやるものだが、特に縁もゆかりもない地方都市で突発的に発表したということは、俺の反選手会同盟入りは急に決まったのではないかと推測している。

新日本の会場で懐かしの再会

俺はこの時点で、キャリアが28年。反選手会同盟の中に入ると、飛び抜けてベテランになってしまう。

しかし、彼らには変に気を遣ってほしくなかった。WARとの対抗戦で反選手会同盟は乗りに乗っていたし、俺が入ったことでその流れを断ち切ってしまったら元も子もない。だから、日本プロレス時代の後輩だった木村のことも「木村さん」と呼んだし、後に入ってくるキャリアの離れた後輩の後藤達俊や小原道由に対しても、「後藤選手」、「小原選手」と呼んでいた。これまであまり接点のなかった小林邦昭は「邦昭」、齋藤彰俊は「彰俊」と呼んでいたから、そこは人それぞれなのだが、とにかくざっくばらんにやりたいという思いが強かった。

73年春に日本プロレスが崩壊した後、馬場さん率いる全日本プロレスに合流した俺は、それまでのキャリアの中で新日本プロレスと交わることはほとんどなかった。

リング上では先ほど触れたオールスター戦で、藤波辰爾と肌を合わせたくらいだろうか。長州やキラー・カーンたちがジャパンプロレスとして全日本に上がっていた時期も対抗戦をやっていたからプライベートで親しくすることはなかったし、その後のSWSにも新日本から流れてきた連中が何人かいたが、ドン荒川を筆頭に上のほうはロクな奴がいなかった。

しかし、そんな馴染みの薄い新日本の会場へ出向くと、そこには懐かしい顔ぶれがいた。当時の社長は、日本プロレス時代の末期にタッグを組んだ坂口さんである。坂口さんもキャリア的には後輩になるのだが、年上だったので当時から「さん付け」で呼んでいた。会場で会った時に「お世話になります」と挨拶すると、「おう、よろしく頼むよ！」とあの独特の声で気さくに応対してくれた。

当時、新日本の渉外担当取締役だったマサ斎藤も日本プロレスの後輩で、かつてはフロリダ地区を一緒にサーキットしたパートナーでもある。マサやんとは会場で会った時に「久しぶりだねえ」と言葉を交わしたが、昔のように試合後に飲みに行ったりはしていない。リング上では「敵対関係」にあったし、そういった選手同士がプライベートで一緒に遊ぶということは当時のプロレス界では厳しく制限されていたからだ。

藤波ともオールスター戦以来、久々の再会だ。俺が反選手会同盟に合流して一発目の試合は12月1日、千葉公園体育館での藤波も入った6人タッグマッチだった。年が明けて、93年2月5日には北海道の札幌中島体育センターでシングルもやっている。

俺は中学卒業後、すぐに日本プロレスに入門したが、藤波も17歳という子供のような年齢で入ってきた。その容貌から彼に付いたあだ名は、「坊や」だった。

藤波が初めて日本プロレスの合宿所に来た時のことは、よく憶えている。彼は大分県国東出身で、同郷の北沢幹之さんが別府温泉に滞在している時に入門を直訴して入ってきた。「頼むね、このコ」と北沢さんに紹介された藤波はヒョロっとしていて、「こいつは続くのか？」と心配になるくらい、おとなしそうな顔をしていた。

昔は今のように定期的な入門テストなどは行われておらず、体の大きさも問わなかった。だからこそ、体の小さな俺や藤波も入れたわけだが、要はやる気次第ということだ。同じ練習や雑用をこなしながら、残る奴は残るし、逃げる奴は逃げる。

藤波が逃げることなくデビューに辿り着き、後にスター選手になったことを考えると素質があったということなのだろう。だが、当時の姿を考えると「よく持ったな」というのが正直な

俺の思いだ。当時の日本プロレスでは未成年だろうと、お構いなしに酒を飲ませる。藤波は、そういう部分でも根性があったということだ。

シングルで対戦した時、俺が日本プロレス時代の先輩ということで向こうは緊張していたらしいが、実はあまり憶えていない。これだけ長くやっていれば、様々なレスラーとの出会いと別れを経験している。昔の後輩と再会したからといって、いちいち感慨にふけるほど俺は感傷的な性格ではない。

木戸修も日本プロレス時代の後輩で、向こうから挨拶に来てくれたという記憶がある。この時期の新日本で俺の先輩になるのは、山本小鉄さん、星野勘太郎さん、そして猪木さんの3人しかいなかった。

俺が日本プロレスに入った頃、猪木さんはまだアメリカ修行に行く前で合宿所にいた。新弟子の俺がちゃんこを作ると、猪木さんと小鉄さんは2人で向かい合いながら飯を食う。しかも、あの2人はよく噛みながら食事をしていた。

よく噛んで食べると満腹感が増すので肥満の予防にもなるし、健康にも良いと言われている。それを猪木さんと小鉄さんは、当時からすでに実践していた。だから、ちゃんこの時に一番最後まで食べているのがあの2人だった。

新日本の現場を預かっていた長州とは、彼がジャパンプロレスを率いて全日本に参戦していた時以来の対面となる。俺が反選手会同盟に入る前にはキム・ドク（タイガー戸口）が新日本に参戦していたようで、彼は長州に「もうちょっと真面目にやってくれませんか」と言われたらしいが、俺は一度も小言を言われたことがない。

館長と彰俊は、これが初めての接点だ。WARに反選手会同盟が乗り込んできた時に2人の試合を観ていたが、いずれも空手出身ということもあり、「あまりプロレスはできないな」という印象だった。

越中も館長に関しては、「とりあえず好きにやれ。後は俺たちがカバーするから」というスタンスで試合をさせていた。俺もリング上のことに関して、館長にやかましく言ったことはない。館長はすでに〝空手家〟としてのキャラクターができあがっていたし、無理にプロレスの枠に押し込んでしまうと、個性や良さが消えてしまうからだ。

だが、彰俊はまだ若い。「怪我したら終わりなんだから、ちゃんと受け身を取れるようになったほうがいいよ」とアドバイスし、試合前に稽古をつけた。越中たちは全然教えていなかったらしく、彼も最初は何もできなかったが、プロレスの技術を覚えたいという情熱に満ちていて、若さもあったから吸収は早かったと思う。受け身は自分の身を守るためという理由もあるが、相手の技を綺麗に見せるためにも必要な技術だ。長くプロレスをやるつもりなら、きちんと身につけておいたほうがいい。

彼は現在も当時と変わらず名古屋を拠点にしているのだが、プロレスリング・ノアの所属選手として試合で東京に来る時はウチに泊まることもある。平成維震軍のメンバーの中で一番いい関係を築けているのが彰俊で、自分で書くのは少し気恥ずかしいが、俺のことを「師匠」と呼んでくれるかわいい後輩だ。

新日本プロレスが黄金期を築けた理由

俺が反選手会同盟に合流した翌年の2月16日、両国国技館で闘魂三銃士と呼ばれた武藤敬司、蝶野正洋、橋本真也と6人タッグで対戦する機会があった。聞くところによると、これはあの3人が最後にトリオを組んだ試合らしい。

三銃士の中で、俺の評価は高い順から、武藤、蝶野、橋本になる。とりわけ縁が深いのは、俺の〝息子〟グレート・ムタの顔も持つ武藤だ。

ムタとは5月24日にWARの大阪府立体育会館大会で、そして6月15日には新日本の日本武道館大会で二度にわたってシングルをやっている。最初がムタの反則負けで、IWGPヘビー級王座が懸けられた再戦は俺の反則負け。後者は、今でも店のお客さんに聞かれることの多い俺が大流血した試合だ。

俺の額はちょうど静脈のところが切れやすく、力を入れると血がピューッと噴き出す。あの時は俺がロープに張り付けにされたところで、ムタが額の傷口に噛みついてきた。ムタが離れた瞬間、噴水のように俺の額から鮮血が噴き出す。その血をポタリポタリとムタの体にもかけ

AICHI

てやったが、あまりにも凄惨すぎるということでテレビ朝日がお蔵入りにしたため、タイトルマッチなのに『ワールドプロレスリング』で放映されなかった曰くつきの試合である。

俺から見れば、蝶野も巧いレスラーだった。シングルもやったことがあるが、ある程度、蝶野に任せておけば、試合はどうとでもなる。ファンには分かりづらいだろうが、独りよがりなファイトをする橋本とは違って、彼は観客の反応を見ながら試合を運んでいく巧さを持っていた。

この93年には、反選手会同盟の自主興行も行われるようになった。一発目は6月25日、後楽園ホールで大会名は『侍魂〜サムライ・スピリット』。俺が合流してから早くも7カ月が経っていたが、こういった企画はどんどんやればいいと思っていたし、お客さんも入るという自信もあった。

この大会で、俺は後に仲間となる後藤達俊とシングルマッチを行った。今ではどこにいるかも分からず、全く連絡のつかない後藤だが、当時は馬力のある良いレスラーで、マサやんのような捻りのあるバックドロップも様になっていた。この年の8月には、小原道由も仲間に加わる。彼は見た目とは裏腹に素直な性格で、とにかく真面目な男だった。

ところで、小原が入ってきたのは今でも新日本のドル箱興行となっている『G1クライマックス』というシリーズだった。この年は両国国技館で7連戦を行っているから、大したものである。

G1に限らず、この時代の新日本はどの会場でもお客さんがよく入っていた。俺が思うに、その一番の要因は「試合内容の良さ」だろう。

全日本時代に傍目から見ていた新日本の選手は、攻め一辺倒だった。相手の攻撃をあまり受けずに一方的に攻めて、そのまま終わりという試合が多かったように思う。

そうなると、観ているお客さんはしらける。試合をしている選手のほうは自分が強いということをひけらかしたいのだろうが、逆に「弱いレスラーを相手にしてるの?」と思わせてしまうのだ。

やはり、お客さんが観たいのは「手に汗握る攻防」だ。そういう試合を観れば、また観たいという欲求が湧いてくる。この時期の新日本は、その攻防のある試合がしっかりと提供できるようになっていた。

もう一つは会社が組織として、しっかりしていたということも大きい。俺がかつて在籍していた全日本は、馬場さんと奥さんの元子さんが仕切っていた。言ってみれば、ジャイアント馬場商店である。

だから、何をやるにしても馬場さんや元子さんがスタッフに指示する。そして、スタッフは上からの命令をこなすだけなのだ。かといって、給料がいいわけでもない。

そこが新日本との大きな違いだ。新日本はスタッフに対して、与えるべきものはきっちりと与えていた。そうなると、社員たちの労働に対する満足感が違うし、いい給料をもらおうと、さらに頑張るようになる。試合の質の向上もさることながら、そういった社員たちの奮闘も90年代に黄金時代を築けた理由だろう。

平成維震軍に関係ない話で恐縮だが、俺が辟易したのは日本プロレスが潰れて全日本に合流して間もなく、馬場さんが選手に対してチケットを押し付けてきたことだ。

「おい、これがギャラだ」

つまり、自分たちでチケットを売って生活費にしろという意味だ。俺が海外行きを望むようになっていったのは、こんな状況が嫌になったからでもある。

幻に終わった大阪での維震軍旗揚げ興行

94年1月、館長が新日本との契約を終え、平成維震軍から離れることになった。館長の離脱については、当時は「空手道場のほうが忙しくなったのかな」くらいに思っていた。越中とギクシャクしていたという話もあるが、俺はそういったことには無頓着だし、同じ控室にいても全く気づかなかった。

ただ、館長はやはり体格的にはジュニアヘビー級だったので、試合でヘビー級に混じっているのはキツいだろうとは思っていた。しかも、受け身が上手に取れないのもネックだった。受け身が取れないと、まともに投げ飛ばされてしまい、体に負担がかかる。あの小さい体では、なおさらだ。

試合について、越中はいろいろと館長に注意していたらしい。だが、プロレスを始めたばかりで、それを理解しろというのは無理だ。空手の試合なら、観客のことを考えずに相手をひたすら叩き潰してしまえばいい。しかし、プロレスは観客がいて初めて成り立つ。

だが、お客さんの反応を見ながら試合をするという技術は一朝一夕では身につかない。そういう部分で、越中と館長の間に考えの相違があったのだろうか。まあ、本当のところは本人たちにしか分からないことだし、現在は仲良くやっているので、余計な邪推はやめておこう。

キャリアの浅かった館長や彰俊はさておき、平成維震軍の連中はとにかく試合が巧い。俺が在籍していた時期は対戦相手が新日本の本隊、WAR勢、マシン率いるレイジング・スタッフ、長州率いる昭和維新軍と広範囲に及んだが、常に一定レベルの試合を提供できたと思っている。

俺たちの試合は、特に大阪では好評だった。大阪のファンはガンガンぶつかり合って、血みどろになるような試合が大好きだ。真面目にレスリングをやっていると、「なに寝てんじゃい、こらっ！」と野次が飛んでくる。

反対に、東京は正統派のレスリングを好むファンが多い。そういった土地土地の好みに合わせて、試合を変えられるのも維震軍の強みだった。

だから、維震軍の独立興行が始まるという時、俺は新日本のオフィスの人間に「旗揚げは大阪でやったらどうか？」と提案した。すると、「藤波さんが大阪で無我の旗揚げ戦をやる予定なのでダメです」と断られてしまった。

だが、藤波のレスリングでは大阪のお客さんは喜ばない。これは藤波のレスリングスタイルがダメだということではなく、単に好みの問題だ。俺たちなら間違いなく盛り上げることができるという確信があったので、この件は非常に残念だった。

結局、平成維震軍の独立興行は94年11月13日、東京ベイNKホールで開催された。当時の新日本はたくさんの選手を抱えていて、会社サイドは現在のWWEのような2部リーグ制を考えていたらしい。そのような説明はオフィスの人間の誰からも受けていないが、何となく俺たちも会社側の意図は理解していた。

維震軍が自主興行や独立興行をすることに対して、本隊の中にはやっかんでいた選手もいたことだろう。若い選手たちにしてみれば、俺たちのようなベテランに注目が集まるのは面白くなかったはずだ。新日本の場合は、そうしたジェラシーをリング上でぶつけてくる。そうなると、越中も「このガキが！」と反発する。このリアルな感情のぶつかり合いも、新日本を黄金期に導いた要因の一つではないだろうか。

ちなみに維震軍の旗揚げ興行で俺は谷津嘉章と試合をした。SWS時代に道場・激のエース格だった彼は反天龍派の筆頭であり、非常に手を焼いた存在である。SWSの末期に引退すると言ってプロレス界を去ったはずが、SPWFという団体を立ち上げ、いつの間にやら新日本のリングに戻ってきていた。

だが、俺は昔の人間関係を引きずるほうではない。いつまでもSWS時代のことを根に持っていても仕方がないし、試合は普通にこなしたつもりだ。あの時は谷津がいきなりトップロープに上がったので身構えたら、特に何もすることなく降りてきたので面食らった記憶がある。

ところで、この試合で俺はスキンヘッドにした。せっかくの旗揚げ興行だったから、何か変化を見せたかったのだ。髪の毛を剃った理由は「初心に返る」という意味もあるが、「ツルツルにしてしまえば、頭にもペイントできるな」と思いついた程度の話で、特に深く考えていたわけではない。

だが、家族にとって、このスキンヘッド姿は衝撃的だったようだ。ちょうど女房と娘が買い物に出かけた隙にやってしまおうと、洗面所で頭を剃っていたら、ちょうど剃り終わった頃に彼女たちが帰ってきた。

「ただいま?」

「おう、おかえり」

そう言いながら俺が洗面所から顔を出した途端、娘が「ギャー!」と悲鳴を上げて泣き出した。「ほら、パパだよ」と言ってはみたものの、いつまでも経っても泣き止まない。だが、この娘の反応を見て俺はイメチェンの成功を確信した。

それはともかく、この時期は維震軍も好調だったし、俺自身もプロレスが楽しくて仕方がなかった。誰にも小言を言われず、仕事に見合ったギャラが保証され、人生でこの時代ほど余計なストレスなしに試合に集中できた期間はない。

年が明けて、95年になると維震軍の単独シリーズも組まれるようになり、俺たちもどんどんアイデアを出してリング上を盛り上げた。

例えば新日本本隊と維震軍の6人タッグマッチが組まれた場合、相手方のセコンドに就いている若手たちも俺たちに突っかかってくる。そういう時に「てめえら、文句があったら上がってこい！」と挑発し、急遽8人タッグマッチに変更すれば、お客さんはまさかのサプライズに大喜びする。最初から8人タッグマッチとして発表するよりも、こちらのほうが効果的なやり方だ。

維震軍興行では、全日本時代の後輩である冬木弘道との再会もあった。彼とは全日本の後もSWS、WARと一緒にやってきたが、この時期は〝理不尽大王〟を名乗ってヒールとして頑張っていた。

本来の彼の性格を考えれば、『冬木軍』という軍団を率いて上に立つようなポジションは向いていない。そこを彼なりに努力して、あの個性的なキャラクターを確立させたのだから大したものだ。彼もプロレスの巧さには定評があり、対角線に立ちながら「本当にいいレスラーに成長したな」と感じたものである。

変わったと言えば、長州もその一人だ。現場監督として辣腕を振るっていた長州だが、リングに上がればレスラーでもある。かつてジャパンプロレスを率いて全日本に上がっていた頃の長州は、相手の技を受けるのを嫌がっていた。だが、この頃は同一人物とは思えぬほど試合ぶりが柔らかくなっていた。この長州の変化は新日本の変化とも言え、それが当時の試合内容の良さをよく表していた。

平成維震軍の〝象徴〟を紛失…

95年7月31日、平成維震軍のシリーズ『侍バサラ・三国志』最終戦となる大阪府立体育会館第2競技場大会を最後に俺は新日本のリングを去ることになった。何か揉めたというわけではなく、単純に契約満了ということだ。最後の試合は小原とタッグを組み、相手は谷津&寺西勇だった。

この時期、俺はシリーズ全戦に参戦していたわけではなく、年間の試合数も決まっていたから、スポット参戦のような形になっていた。維震軍自体はまだまだこの先も続くが、俺の役目はここで一旦終了となる。後で聞いたが、この年を最後に維震軍の独立シリーズも終わったようだ。

俺の新天地は、石川孝志がWARを離れて旗揚げした東京プロレスだった。WARに戻らなかったことにも深い理由はなく、俺と新日本の契約が切れると聞いた石川のほうから声をかけてくれたので誘いに乗っただけの話である。

平成維震軍から離れてから約2年が経った98年。その頃、俺はＩＷＡジャパンという団体で仕事をしていた。東京プロレスはオーナーが音頭を取って『日本プロレスリング共同機構（ファイティング・フォー・フューチャー、通称ＦＦＦ）』なるインディー団体の統一機構を作ろうとしたが、これが大失敗に終わる。さらに東京プロレス自体も消滅してしまい、俺はオーナーの金六こと浅野起州に誘われてＩＷＡジャパンに入団した。

俺はＩＷＡジャパンでコーチ役も務め、若手たちの成長を見守っていたが、それも一段落した時、そろそろプロレス人生に終止符を打つことを考え始めた。当時、年齢は49歳。その後の人生を考えて50歳目前での引退を決意したのだが、そんな時にまたも声をかけてくれたのが新日本プロレスだった。

俺が新日本に上がっていた期間は、わずか2年弱しかない。そんな俺に引退記念の特別試合を組んでくれたのだ。しかも、その舞台は8月8日、大阪ドームという大会場。俺はかつて血みどろの流血戦を展開した〝息子〟グレート・ムタと親子タッグを組み、維震軍時代の仲間である後藤&小原と対戦することになった。

新日本ではこの年の1月に長州、4月には猪木さんが引退していた。ドームクラスで興行を続けていく上で、この2人がいなくなったことは集客面でかなりマイナスだったはずで何か目玉が必要だと考えたのだろう。日本プロレス時代から知っている選手が多いとはいえ、全日本に長く所属していた俺に声をかけてくれ、引退記念試合を組んでくれたのは本当にありがたい話だった。

この試合から約1カ月後の9月7日、俺は後楽園ホールのリングで現役生活に別れを告げた。引退式には越中や邦昭も駆けつけてくれ、何も思い残すことなくリングを降りることができた。

年が明けて、平成維震軍が解散したという話を聞いた。途中で離れてしまったから、その後の彼らがどのような道を辿ったのかはよく知らない。ただ、解散と聞いた時はやはり「もったいないなあ。みんな仕事ができるのに」という思いが心をよぎった。日本のプロレスの歴史の中で、こんなにいいチームはないと今でも俺は思っている。

引退した俺は飯田橋の居酒屋（現在は文京区小石川『BIG DADDY 酒場　かぶきうぃずふぁみりぃ』）のオヤジとなり、そのまま第二の人生を過ごすはずだった。

ところが、2002年にまたも新日本から声がかかり、GREAT MUTAというムタの偽者のマネージャーとしてプロレスの世界に戻った。これがきっかけとなり、俺はその後もリングに上がるようになってしまう。気づいたら17年まで上がり続けたのだから、我ながら呆れたものだ。とはいえ、それだけ需要があったということでもあるので、それはそれで誇ってもいいことだと思っている。

そして、平成維震軍も21世紀に入って復活した。WARのレフェリーだったレッドシューズ海野がケジメとして06年にWAR最終興行を開催した時である。その大会に俺は関わっていないが、それから10年後に武藤が主宰する『プロレスリング・マスターズ』で平成維震軍は大々的に蘇った。

『プロレスリング・マスターズ』は、武藤が全盛期だった「90年代の新日本プロレス」を再現するというコンセプトのもと開催されている興行だ。その時代の新日本と言えば、俺たち平成維震軍の存在は欠かせない。その一発目の大会は、17年2月8日に後楽園ホールで開催された。

メインイベントは「プロレスリング マスターズ集結！ 甦る平成維震軍」と銘打たれたスペシャル8人タッグマッチで、俺は越中、AKIRA、彰俊と組んで、武藤敬司&長州力&藤波辰爾&獣神サンダー・ライガーと対戦した。

俺たちのセコンドには、館長の姿もあった。館長は15年に交通事故に遭って大怪我を負い、一度は引退していたが、この後に復帰して再び試合をするようになったのだから恐れ入る。今では、館長も『プロレスリング・マスターズ』のリングで元気に相手を蹴飛ばしている。本当に大怪我をしたのか疑わしいくらい、この人は元気だ。

その館長が新しい道着を作ってくれた。今度のカラーは黄色である。

「館長、新しい道着なんか作って、どっかで高く売るつもりなんでしょう？ 悪い人だねえ（笑）」

「いやいや、そんなことはしませんよ！」

こんなくだらないやり取りができるのも、俺にとって年に数回の楽しみの一つだ。維震軍のメンバーと会うと、俺自身も元気が出る。

AKIRAとは、平成維震軍が復活してから初めて同じコーナーに立った。彼が維震軍に入ってきたのは俺が離れてからで、それまでは対戦相手として向かい合うことが多かった。彼も素直で真面目な男だから、同じチームになっても何の違和感もなく、まるで何年も一緒にやってきたかのように呼吸が合う。やはり平成維震軍は、仕事のできる男たちの集団なのだ。

結局、俺はこの17年の12月22日に後楽園ホールで『KABUKI THE FINAL』と題した引退興行をノアに開催してもらい、今度こそ本当にリングを降りた。71歳になった今、さすがにもう試合をするのは体力的に厳しいものがある。

だが、俺がリングを降りても平成維震軍は続いている。ありがたいことに俺にもオファーがあるので、『プロレスリング・マスターズ』にはセコンドとして参加させてもらっている。

ところで、平成維震軍の象徴とも言うべき「覇」という文字が描かれた大きな旗を憶えている方も多いだろう。あれは俺がずっと保管していた。『プロレスリング・マスターズ』で掲げていた旗も昔から使っていた物で、メンバーたちのサインも入っている。

しかし、19年になってどこかに紛失してしまった。おそらく1月に後楽園ホールで開催された越中の40周年記念興行の際、控室で失くした可能性が高いのだが、もし「拾った」方がいれば、ご連絡願いたい。

それにしても、平成維震軍は本当に心地のいい空間だった。日本プロレス時代は上下関係で頭を悩ますことが多く、全日本プロレス時代は口うるさい元子さんがいて、SWS時代は自分勝手なレスラーたちによって散々引っ掻き回された。

平成維震軍
越中

しかし、平成維震軍ではそうした余計なストレスから一気に解放された。メンバーは気を遣わなくていい気さくな連中ばかり。試合になれば、何も言わなくても自分のやるべきことが分かっている仕事人の集まりだ。「俺が！　俺が！」と出しゃばるような奴もいない。54年にわたるプロレス人生の中で最も楽しかった時間を与えてくれた仲間たちには、本当に感謝している。

試合をするのはもう無理だが、俺が必要ならばいつでも声をかけてくれ。まだまだ毒霧を噴くくらいなら、お安いご用だ。

第7章

AKIRA

AKIRA

AKIRA

1966年3月13日生まれ、千葉県習志野市出身。身長180cm、体重90kg。1984年に新日本プロレスに入門。同期には武藤敬司、蝶野正洋、橋本真也の闘魂三銃士、そして船木誠勝がいる。1985年10月12日に、福岡県立久留米体育館において武藤を相手に本名の野上彰でデビューした。その後、ヨーロッパ遠征に出発。1991年に凱旋帰国を果たし、IWGPジュニアヘビー級王座を奪取した。その後、ヘビー級に転向して飯塚高史とJ・J・ジャックスを結成。1995年の年末から平成維震軍の小林邦昭と抗争を開始。1996年2月3日の札幌中島体育センター大会で小林と髪切りマッチを行い、これに勝利する形で平成維震軍入りを果たす。以後は維震軍の一員として活躍するが、1998年2月シリーズを最後に長期欠場。1999年2月にAKIRAとリングネームを改めて復帰すると、蝶野と共にTEAM 2000を結成した。2004年に新日本を退団。以後は全日本プロレスやハッスル、SMASH、WNC、WRESTLE-1など様々な戦場を渡り歩き、現在はMAKAIを主戦場に多方面で活躍中。

俺が平成維震軍に入ったのは、1996年になってからだ。反選手会同盟時代から数えて7年も続いた歴史を考えると、在籍していた期間は2年あまりと実に短い。言うなれば、彼らにとって〝敵側〟の人間だった時間のほうが長いのだ。

しかし、そういう立場だったからこそ語れることもあるだろう。平成維震軍が活躍した90年代は、東京ドーム大会をはじめとしてビッグマッチを連発するなど新日本プロレスは黄金期だった。そんな時代に平成維震軍は一大ムーブメントを起こしたわけだが、同時期に自分の思うようなプロレスができず、常に悩み苦しんでいた俺なりの視点で当時の新日本内部を振り返ってみたい。

「野上は売り出されてるけど、全然ダメだな」

小林邦昭さんと誠心会館の抗争がスタートした91年は、俺がヨーロッパ修行から凱旋した年にあたる。

帰国直後の3月21日、東京ドームで俺は獣神サンダー・ライガーさんの持つIWGPジュニアヘビー級王座に初挑戦した。そして、8月9日の『第1回G1クライマックス』両国国技館大会ではライガーさんを破り、IWGPジュニア王座を初戴冠する。

こう書くと、実に順風満帆に映るだろう。この時のG1は優勝した蝶野正洋さん、武藤敬司さん、橋本真也選手の闘魂三銃士と呼ばれた人たちが一気にブレイクした大会でもある。

彼らと俺は、84年入門の同期だ。その3人と足並みを揃えて、まがりなりにもジュニアのトップの座を手にしたのだから、いわゆる会社からのプッシュを受けていたと見られてもおかしくはない。客観的に見ても、この世代が新日本の中心となる方向に時代が動き始めていたのは事実だろう。

しかし、当時の俺は「果たして、これでいいのか？」という思いが常に頭の中を渦巻いている状態で、会社側から与えられた試合をこなすことに必死だった。

何しろ、ファンからの評価が芳しくない。

「野上は売り出されてるけど、全然ダメだな」

そんな声が俺の耳にも届いていた。

当時のファンはレスラーを評価する際に、その基準の8割方は「勝敗」だった。IWGPジュニア王者になったのも束の間、俺は3カ月後の11月5日、両国国技館で保永昇男さんに敗れて王座から陥落してしまう。

そもそもライガーさんに勝ってベルトを獲った試合も、場内からブーイングが飛ぶような有様だった。9月23日の横浜アリーナ大会では、WCWのスーパースターだったスティングとのシングルマッチが組まれた。俺は歌舞伎風の隈取りを施し、海外にいた時のキャラクター『AKIRA』としてリングに上がったが、この時は完全に飲まれてしまった。

与えられたチャンスをものにできていない。それは自分でも分かっていた。

当時の自分を第三者的な視点で振り返ると、「あの役割は大変だったな」と思うところはある。プロレスには様々な役割があり、団体を背負って看板となるスター選手とそれを支える選手では明確に違う。その中で俺は自分なりにその役割を全うしていたと今でこそ思うのだが、当時のファンの見方は違っていた。

この頃から、ファンが選手の粗探しをする傾向が強くなってきたように思う。そして、野上彰というレスラーは、その格好の獲物になっていた。

だから、リング上の流れが三銃士世代中心になり始めても、俺は彼らと同じように会社のプッシュを受けているとか、時代の先頭を走っているという感覚は全くと言っていいほどなかった。

小林邦昭さんと誠心会館の揉め事が起きたのは、そんな時期だった。

後楽園ホールで小林さんが青柳館長の弟子を殴りつけた件に関しては、実際に見ていないので真相は分からない。その後に始まった抗争も、自分とは全く異なるフィールドの出来事としか思えなかった。

小林さんと齋藤彰俊選手が対戦した92年1月30日、大田区体育館での一戦は、いわゆる異種格闘技戦と呼ばれる試合である。それを傍目で見ていて、「新日本は格闘技路線の方向に進みだしているな」という印象しかなかった。

俺も一時期関わったことがある『ハッスル』のようなエンターテインメント性を全面に押し出すプロレス団体が日本で誕生したのは、10年以上も後のことだ。時代は変わり、今ではどの団体も多かれ少なかれエンタメ路線を敷いている。

しかし、まだこの時期の新日本はリング上で〝闘い〟が求められ、殺伐とした試合がもてはやされていた。橋本選手が元ボクサーのトニー・ホームと異種格闘技戦を行っていたが、そういう試合に対応できる資質こそが新日本のエースとして求められていたものだった。

この1年後には立ち技のK―1、俺と新日本の同期となる船木誠勝選手率いるパンクラスが旗揚げされ、アメリカではUFCがスタートした。世の中に格闘技ブームが押し寄せる予兆が確実に芽生え始めていた時期に、新日本のリングで起きたのが小林さんと誠心会館の抗争だった。

その抗争に、やがて越中詩郎さんも加わっていく。越中さんは俺がデビューする直前の85年8月に、全日本プロレスから移籍してきた人だ。当初は越中さんも「新日本の人間にナメられたくない」という気の張り方をしているように見えたし、試合でもそんなエネルギーを発散していた。

俺はジャイアント馬場さんが存命時の全日本プロレスに上がったことがないから、詳しい内部事情は分からない。しかし、当時の新日本と全日本では、猪木さんと馬場さんのプロレスに対する考え方の違いが如実に反映されていたように思う。練習の仕方にしても、デビューするまでの道のりにしても、おそらく大きく異なっていたはずだ。

新日本では、いわゆる〝シュート〟の強さが求められていた。シュートが強い人間とそうでない人間は、明確に区別される。そんな風潮が存在していた中で、全日本育ちの越中さんにしてみれば、やりにくい部分があったはずだ。

俺はシュートに対するこだわりはない。そういう意味では、越中さんにとって付き合いやすい人間だったと思う。俺のほうも越中さんのことを「いいお兄さん」的な存在だと思っていた。

越中さんは気さくな性格なので、最初は構えていた新日本の選手たちも次第に打ち解けていき、裏で陰口を叩くような人間はいなくなった。そこは越中さんの人徳によるものが大きかったと思う。

「反体制組織」だった選手会の実態

俺が思うに新日本と誠心会館が抗争していた時期、現場監督だった長州力さんが一番買っていたのは、その越中さんだった。

長州さんは知っての通り、アマレスでオリンピックに出た人だからシュートも強い。しかし、「シュート？　あんなもんはクソの役にも立たねえ」という考えの持ち主だった。シュートの強さがプロレスの世界で活きるものではない。それを長州さんはキャリアを積み重ねる中、肌で実感したのだろう。それが後に平成維震軍の大将として越中さんを推した理由の一つだったと俺は思っている。

この後、越中さんと小林さんが「会社に無断で誠心会館の興行に出た」ことを選手会が問題視し、2人をそれぞれ会長、副会長の職から解任した。

代わりに選手会長になったのは蝶野さんで、副会長が俺だった。解任された越中さんと小林さんは自ら選手会を脱退することになるが、この選手会と2人の揉め事は単なるリング上のストーリーというわけではなかった。

当時の選手会は、とても強い力を持っていた。選手会主催の興行をやると、300〜500万円くらいの黒字が出る。後楽園ホールで開催しても、すぐにチケットが売り切れて札止め。腕相撲大会をやっただけでも、チケットは完売した。

とにかく選手会として何かをやれば、かなりの利益が出る状況だったから、常時1000〜2000万円ほどの資金をプールしていた。

その資金の使いみちは様々だ。突然引退する選手が出た時にある程度の期間、そのお金で面倒を見てあげたりもする。あるいは怪我をした時の見舞金や結婚した時のご祝儀に使われることもあった。とにかく使い道は、全て選手たちのため。そこは厳正に守られていた。

当時の選手会は、新日本を離れて「独立」できるくらいの力は十分に持っていたと思う。それだけの資金もあったし、選手たちも人気があり、今のようにかち合う団体も少なかったから、その可能性は十分考えられた。

だから、会社側も選手会に対して警戒心を抱いていたのだろうと思う。若い選手たちからすれば、越中さんや小林さんは「長州さんに近い人間」だった。そんな２人が選手会の会長と副会長を務めていたのも、そういった理由からだったのかもしれない。

会社側は事あるごとに、選手会の力を削ぐようなことを言ってきた。例えば、毎年のように「揃いのスーツを作れ」と要求してくる。だが、スーツを毎年作り直す必要など全くないし、会計係を任されていた俺や会長の蝶野さんは、そんな無駄なお金は使いたくなかった。

越中さんたちを選手会の役職から解任した時の会見で、蝶野さんは「彼らは会社とグルになっている」というニュアンスのコメントを口にしていたと記憶している。これはリアルな会社への不信感の表れだった。

虚々実々が入り混じった蝶野さんらしいコメントだったが、俺なりに翻訳すると「誠心会館の自主興行に会社に無断で出場したとしておきながら、実は知らなかったのは選手会だけではなかったのか？」、「越中さんや小林さんが会社の上の人間と手を組み、俺たちの知らないところで動いているのではないか？」という意味になる。

言ってみれば、選手会とは労働組合だ。会社側にとって実際は選手会こそ、「反体制組織」と言えなくもない。必要以上に力を持たせると、かつてのジャパンプロレスのような離脱劇を招きかねない。実際にそれを実行したことのある長州さんだからこそ警戒していたはずなのだ。

こうした流れを表面上の話と思い込んでいる人もいるかもしれないが、この時に越中さんにしても小林さんにしても本当に選手会を抜けている。そこに会社側の選手会の力を削ごうとする意図があったとしても、俺は不思議に思わない。

もしかしたら反選手会同盟ができたのも、そういう背景があったのかもしれない。言ってみれば、「会社側に近い形のもう一つ選手会」ができたという考え方もできるのだ。

他にも馳浩選手のように長州さんにベッタリの人に対して、選手会サイドは多少、色眼鏡で見ていた部分があった。ただ、馳選手は世渡りがうまく、人間関係においてもバランスの取れる人だったので、特にわだかまりもなく付き合っていた。

断っておきたいのは、ここまでの話だと会社と選手会の対立がもの凄かったかのように映るかもしれないが、選手を大切にしてくれなかったわけではない。例えば当時の社長だった坂口征二さんは、ミーティングの時に「無記名でいいから、何か言い分があれば書いてくれ」と選手たちの要望を頻繁に取り上げ、それをすぐに反映してくれた。

要は新日本プロレスも普通の会社と変わらない程度に、社員と幹部の間で駆け引きがあり、お互いに不信感のようなものがあったということである。

「J・J・ジャックス」と「格闘技路線」

反選手会同盟の勢いが増している時期、俺はヘビー級に転向した。そして、93年に飯塚孝之と『J・J・ジャックス』というタッグチームを結成した。

J・J・ジャックスは「ジャパニーズ・ジョリー・ジャックス」の略で、「日本の陽気な男たち」という意味だ。しかし、いざ組んでみても飯塚とはうまくいかなかった。

ある時、WARから移籍して反選手会同盟入りしたザ・グレート・カブキさんからアドバイスをいただいたことがある。

「こんな連携技があるぞ。2人で使ってみたら、どうだ?」

アメリカのタッグチームが使っていた技らしく、俺も「おっ、これはいいな!」と思ったので飯塚にその話をした。しかし、彼の答えは俺を失望させるものだった。

「いやあ、その動きは意味が分からないですね。何でそういうふうになるんですか?」

カブキさんはアメリカでトップを取った人だから、俺はもっとそのプロレスを味わってみたかった。しかし、繰り返しになるが、当時の新日本のリングはそういう風潮ではなかった。

それ以前の話になるが、90年4月13日に新日本と全日本、そしてWWF(現・WWE)の合同興行として開催された『日米レスリングサミット』という大会で、カブキさんはグレッグ・バレンタインとシングルで対戦している。

この試合を観ていて、「あの〝間〟は流石だな」と脱帽した。しかし、当時のファンは「これの何がいいの？」という感覚だったと思う。今と違ってアメリカンスタイルの良さは、なかなか伝わりづらかった。

後年、ｎＷｏがブームだった時期にメンバーの一人として新日本にカート・ヘニングが来たことがあった。ＷＷＦやＷＣＷでトップを取った彼はプロレスが巧いことで有名だが、日本では「それがどうしたの？」で終わってしまう。「ただの受け身の巧いレスラー」という評価しか与えられず、これが最後の来日になってしまった。

俺はこういうレスラーをもっとうまく使うべきだと思っていたのだが、それを受け入れるような土壌が当時の新日本にはなく、ファンも下に見ていた部分があったように思う。

俺自身も海外で経験したプロレスをもっと活かしたいと思っていたが、リング上のベクトルは全く逆方向に進んでいた。そういう部分でも飯塚とは考えが合わなかった。

今になって思えば、もっと視野を広げて活動の場を求めれば良かったのかもしれない。ただ、当時は今のように団体の数が多いわけではなかったし、「プロレス＝新日本」と思っていたので目の前の試合に向かい合うしかなかった。とはいえ、新日本の流れである格闘技路線に順応しなきゃいけない、殺伐とした路線で頑張らなきゃいけないという思いだけでこなしていたから、とにかく息苦しくて仕方がなかった。

一度、グレート・ムタと組んで、キム・ドクさん、栗栖正伸さんのピラニア軍団とタッグで対戦したことがある。この時も隈取り姿のＡＫＩＲＡとして上がったが、俺自身はこういう試合の面白さを海外で体感していたし、大好きだった。しかし、日本に戻ってくると、理想と現実とのギャップがあまりにも凄く、常にジレンマを抱えていた。

さらに飯塚とのＪ・Ｊ・ジャックスもファンの受けが良くなかったし、方向転換を考えなければいけなかったのだが、現場を仕切る長州さんに「もうちょっと頑張ってみろ」と言われると、バカみたいに従順だった俺は「何とかしなきゃいけないな」と思い、必死に試合をこなし続けていた。

「張り手を食らわせてくれませんか？」

俺が悩みながらプロレスを続けている一方で、反選手会同盟は平成維震軍と名前を変え、破竹の勢いで新日本のリングを席巻していた。

94年11月には平成維震軍として旗揚げ興行も開催したから、こうなるともはや一つの独立した団体だ。実際に、越中さんたちも「独立してやろう」くらいの野心はあったのかもしれない。当時の新日本はどこの会場も満員だったから、越中さんたちがそういう気持ちを抱いてもおかしくはなかった。

ただ、越中さんからは「これはリストラなんだよ」という言葉を聞かされたことがある。

「俺たちは、いつクビを切られても仕方がないんだ。だから、勝手にやらせてもらう」

本隊サイドの選手たちにしてみれば、注目を浴びる維震軍に対して、やっかみはあったと思う。サバイバルの厳しい新日本のリングには、そういった思いを抱えていた選手たちがたくさんいた。

その一方で、越中さんたちは誠心会館との抗争が始まる前のポジションには戻りたくないという思いがあったはずだ。その両者の思いが、より一層リング上に激しさをもたらしていたのかもしれない。

そんな新日本のリング上は、流れも早い。平成維震軍から青柳館長が去り、95年にはカブキさんも新日本を去った。そんな中で俺にも転機が訪れる。

この年の年末、J・J・ジャックスで鳴かず飛ばずだった俺に声をかけてくれた人がいた。それが小林さんだった。

小林さんとは、こんなエピソードがある。前年の11月6日に後楽園ホールで行われた『夢☆勝ちます』という大会で、俺は胸を貸す形で永田裕志選手と試合をした。永田選手は92年にデビューしているから、この時点ではまだキャリア2年ちょっとの若手だった。

しかし、アマレスで全日本レベルの実績があり、新日本に入るとすぐに頭角を現して、会社側の期待も大きかった選手である。この日、永田選手は当時の新日本の流れである〝格闘スタイルのプロレス〟を真っ向から仕掛けてきた。

実は俺は帰国早々に、網膜剥離になっている。ヘビー級転向後の92年6月30日、橋本選手とのシングルマッチで張り手を食らったことが原因だった。

顔面を張られた後、鼻血が垂れてきて、目の前に「白いモノ」があった。試合が終わってバックステージに戻り、トイレに入って鏡で確認しても、目にも髪の毛にも何もついていない。おかしいと思い、違和感がなかった右目を手で塞いだら、左目が見えなかった。

眼球の膜が剥がれて視力が低下してしまったのだが、膜が剥がれたのが黄斑部という神経に近い箇所で、処置のできない場所だった。

この時は5カ月欠場したが、自然に治癒するのを待つしかなく、試合をするようになったら視野に欠損する部分が出てきていた。そもそも治せる技術というものがなく、今でも少し見えない部分が残っているような状態だ。俺が新日本流の格闘スタイルに引け目を感じていたのには、こういった理由もあった。

永田選手との試合内容は、今振り返っても不甲斐ないものだった。彼はアマレスだけではなく、キックの練習もしていたので打撃もできる。

そういった相手に対しても、きちんと技術で対応できるのがプロのレスラーなのだが、俺は目に対する不安から永田選手が仕掛けてきた攻防に乗っかることができず、あまりにも情けない姿を露わにしてしまった。

その翌日、道場に行くと、たまたま小林さんと顔を合わせた。本隊と平成維震軍は道場を使う時間帯も別々だったのだが、偶然にも鉢合わせてしまったのだ。小林さんには以前から気にかけてもらっていたこともあり、俺は思い切ってこんなお願いをした。

「また網膜剥離になるような衝撃を受けるのが怖くて、試合で一歩前に踏み込めません。その恐怖に慣れるまで、張り手を食らわせてくれませんか？」

小林さんは驚いた顔をしていたが、俺の気持ちを受け止めてくれた。10発、いや20発だったか、とにかくこちらの気が済むまで小林さんに顔を張ってもらった。

小林さんからしたら、腑に落ちない話だったかもしれない。だが、それから俺は小林さんに対して信頼感とも呼べるような感情を抱くようになった。

そんな小林さんから声をかけてくれたのだから、嬉しくないわけがない。J・J・ジャックスも頭打ちで嫌気がさしていたし、何かきっかけがあれば、それに乗っかろうと思っていた矢先の話だった。

長州さんも快くとは言わないが、OKを出してくれた。

「どうなっても知らねえぞ？　やりたきゃ、勝手にやれ！　俺はノータッチだ」

今のプロレス、例えばWWEは会社の決めた方針に従って、リング上のストーリーも展開していく。それに背いた選手はポジションを落とされるどころか、クビになってもおかしくない。

しかし、当時の新日本は会社が用意したストーリーが実は少なかった。かつて海賊男などの仕掛けが失敗に終わった影響もあるのだろうが、長州さんとしても下手に仕掛けて失敗した場合、自分たちの責任になるのを嫌っていた節がある。

当然、ファンからの反応も気になるだろうし、格闘技路線的なものがメインストリームになっている中で、新日本は会社としてストーリーを作るということに対して明らかに腰が引けていた部分があった。

だから、長州さんから来る指令はいつも投げっぱなしで、ケツはこちらに預けられることも多かった。そして、こちらから何かやりたいと投げかけた場合も「勝手にやれ」というスタンスを崩さなかった。小林さんたちが仕掛けた誠心会館との抗争や、後に蝶野さんたちが仕掛けたnWoジャパンにしても、本人たちに任せている部分が多々あったように思う。今のプロレスも知っている俺にしてみれば、考えられないような時代だ。

こうして俺は小林さんの仕掛けに乗っかり、維震軍入りすることを決断したのだが、こういうストーリーに乗るのは初めての体験だった。だから、小林さんとの抗争はもの凄く興奮したし、高いモチベーションを保ったまま毎日を過ごすことができた。

小林さんがやろうとしていたのは、プロレスの表現を使ったよりリアルな〝闘い〟だった。時代は新日本のリング上よりもさらに進行が早く、格闘技ブームが到来していた。だから、小林さんは異種格闘技戦でもない、プロレスならではの、プロレスでしかできない、それでいて殺伐とした〝闘い〟を表現したかったのだと思う。

しかも、UWFインターナショナルとの抗争が新日本のリングでメインとなっていた時期で

NEW JAPAN
POWER・ATHLETE

ある。平成維震軍はその抗争から外れ、存在感が薄れていた時期だったから、それに対するアピールもあったのだろう。

95年の暮れに『夢☆勝ちます』後楽園ホール大会でやった一騎打ちも、最終決着戦となった札幌の敗者髪切りマッチも、そういった小林さんの気持ちが反映された試合だった。

「維震軍に入ったら、頭がおかしくなるぞ」

髪切りマッチが終わり、俺が正式に維震軍に加入して試合をしたのは、次のシリーズの開幕戦となった96年3月9日の岩国市体育館大会からになる。

越中さん、小林さん、木村健悟さん、後藤達俊さん、小原道由くん、彰俊選手といったメンバーたちと打ち解けるまで時間はかからなかった。いずれも人間的に嫌な人たちではないし、みんなプロレスで多かれ少なかれ苦汁を舐めさせられてきた人たちだから、俺の境遇にも理解を示してくれていたように思う。

維震軍は本隊とは別にコースターという小型のバスで巡業中は移動していたが、俺が維震軍に合流することになった時、同期の蝶野さんからこんなことを言われた。

「あんなところに入ったら、バスの中とか会社批判の話ばっかだろ。頭がおかしくなるぞ」

本当にその通りだった。バスの中での会話は、たいていが会社批判。あとは年齢相応に健康状態の話も多かった。

この時期の新日本は潤っていたので、みんなも年俸は1000万円くらいはもらっていたはずだ。それでも体を張った対価として、もっと欲しいと思うのは当たり前だし、そんな愚痴が出てくるのも理解できる。

また、会社の経費の使い方などについても、「不明なものが多いよな。あれはどうなってるんだ?」とよく話題になった。本隊のバスだと、この手の話は出てこない。会社の取締役である長州さんも同乗しているからという理由もあるが、みんな心のどこかでそう思っていても内に秘めているようなところがあった。

そんな話をしている中で、平成維震軍としてサイドビジネスを手掛けるというプランが浮上したこともあった。結局、実現しなかったが、彰俊選手がルートを持っていた食品の通販をやろうという話だった。

俺にとって平成維震軍という場所の居心地は悪くなく、蝶野さんが言っていたように頭がおかしくなることもなかった。誰だって会社に対して不満は持っている。維震軍は別移動だったから、それを言い合える環境だったというだけだ。

維震軍のメンバーは、みんな個性の強い人たちばかりだった。この中で後藤さんは、俺にとってキャリアが一番近い先輩になる。俺が入門した頃、合宿所を仕切っている立場で、小杉俊二さんと双璧の存在だった。

当時、道場内は後藤派と小杉派に分かれていた。後藤さんは「まあ、いいから仲良くやろうや」というタイプ。一方の小杉さんは「お前ら、規律はきっちり守れ！」というタイプで、真逆の性格だったから2人の間でイザコザが絶えなかった。

後藤さんは小杉さんよりも年上だったが、後から入ったので後輩扱いされる。それが気に入らなかったのだろう。後藤さんは昭和のレスラーらしく非常にヤンチャな性格の持ち主だったので、余計に小杉さんとは合わなかった。

有名な話だが、後藤さんは酒を飲むと暴れる。酔っ払って包丁を投げ飛ばすこともあったし、ライガーさんが作ったゴジラのガレージキットを目の前でぶっ壊したこともあった。これには、さすがのライガーさんも悔し涙を見せていた。

プロレスにも厳しい人で、「お前、しょっぺえな」とよく貶された。あの当時の兄弟子たちは有意義なアドバイスをくれるどころか、むしろ貶して下の人間を育てるような風潮があり、後藤さんもそんな先輩の一人だったから、俺もよくトイレで悔し泣きしていたものだ。

後藤さんは私生活ではトンパチな人で、今は会社が決めたことに対して従順さを求められるが、当時はそれが良しとされた時代でもあった。プライベートで常識から外れるようなことをしても、逆に「それでこそプロレスラーだ」と称賛される。後藤さんは、まさにそれを地で行く人だった。オンとオフの切り替えをせず、24時間オンのままでいたというイメージがある。

小原くんは維震軍のメンバーの中で、同じ新日本道場育ちという意味では唯一の後輩にあたる。彼は合宿所での評判がすこぶる悪かった。入門したてだった小島聡くんをよくイジメていたという話を聞いたことがある。

同じアニマル浜口ジム出身ということもあり、やたらと厳しく、小島くんはよく泣かされていたらしい。小島くんはそういうことをされると周囲に言ってしまうタイプなので、小原くんの悪評が内部で広まり、どんどん孤立して悪者になってしまったのだ。

しかし、俺の中で小原くんは悪い人間というイメージはない。体育会系育ちだから、上下関係にことさら厳しかったかもしれないが、逆に言えば先輩後輩の筋は律儀に立てる男だ。近年、何かの機会で会ったりした時も、「こいつ、いい奴だな」と思うことが多かった。

彼は海外へ修行に行った時も、現地でかなり高い評価を受けていたようだ。現地のプロモーターから与えられたキャラクターも、うまくこなしていたらしい。

しかし、日本に帰ってくると、そういったキャラクターや海外で学んだプロレスを活かしようがなく、封印せざるを得なかったのは残念だ。もし、海外で身につけたものをそのままリング上で出せていたら、彼はもっとブレイクしたレスラーだったと思う。

彰俊選手は誠心会館の空手家という触れ込みで入ってきたが、実際はインディー団体でプロレスを経験している人だった。当時のプロレス界はメジャーとインディーの壁が今以上に高く、新日本の選手たちもそういったインディー団体の選手のことを見下している部分があった。

彰俊選手と試合をする機会はたくさんあったが、最初は厄介な人だと思った。蹴りは重くて痛いし、どこに当たるかも分からない。おそらくちゃんとしたプロレス教育を受けていなかったのだろうから、試合をやりづらい選手だった。

だが、彼はプロレス界に入る前は水泳選手として実績を残した人である。オリンピックの強化選手にまでなり、身体能力は素晴らしいものがあった。インディーでプロレスをやっていた時は、彼にとって低迷期だったのかもしれない。もし、誠心会館経由ではなく、元オリンピック強化選手の肩書きで新日本に入団していれば、プロレス界でもエリートコースを歩んでいたはずである。

ただし、当時はプロレスを教える、教わるという当たり前のシステムが確立されていなかった。今ではどの団体もある程度は育てているが、あの頃は道場で痛めつけられて覚えていくというのが主な育成法だった。もし、今のプロレス団体のシステムで育っていれば、彰俊選手は3カ月ぐらいでそれなりのことはできるようになっていた素質の持ち主だと思う。

平成維震軍といえば、その象徴ともなっていたのがお揃いの道着だ。維震軍時代以外の俺を知っている人なら分かるだろうが、わりと派手めなコスチュームを着ていたので、道着姿も抵抗はなかった。それに道着を着たからといって、格闘技路線に放り込まれるわけでもない。

維震軍の道着は素材がコットンで厚さもあるので、打撃を食らってもクッションになる。かといって、動きにくいわけでもない。試合中に股の部分が裂けたことがあったものの、これはよくできた代物だった。

B.V.D.
NEW JAPAN
PRO-WRESTLING
STAFF

会社が推し進める格闘技路線と決別

俺は96年3月に平成維震軍に入り、実際に活動したのは98年2月シリーズまでだ。その1年後に維震軍は解散してしまうから、本当に末期に在籍していただけである。

入ってすぐ、Uインターとの対抗戦も経験した。96年3月23日、Uインターの宮城県スポーツセンター大会に乗り込み、小林さんとのタッグで安生洋二&山本健一（現・喧一）と対戦している。

Uインターとの絡みはやはり格闘技路線の部類に入ってくるから、正直に言えば好きな試合ではなかった。ただ、何度も言うように、新日本がその路線を進むのならば、順応しければいけないという気持ちに駆られてリングに上がったと記憶している。安生選手とは若手時代に試合をしたことがあったから、久々にリングで対峙できて嬉しかったと今は思えるが、当時はそんな余裕もなかった。

俺が入る前に、平成維震軍の主催興行はすでに終了していた。この時期は本隊の対抗勢力として他団体のUインターが出現したり、その後には蝶野さんと武藤さんのnWoジャパンが大ブームを起こすのだが、それと反比例するように維震軍は終焉に向かっていくことになる。

そうした流れの中で、俺自身も一つの決断を下す。98年2月シリーズをもって、長期欠場に入ることにしたのだ。

俺はこの時、本当は新日本を辞めるつもりだった。前年には柔道出身の小川直也選手が引退した猪木さんの手駒となって、新日本のリングに登場している。会社もその小川選手を中心とした格闘技路線へ本格的に舵を切ろうとしていた時期だった。

俺が平成維震軍に入った頃から、本隊の合同練習ではボクサーを呼んでパンチの練習をしていた。K—1やPRIDEなどの格闘技イベントが勢いを増していく中で、それらを意識したような試合をより一層強いられるようになってきていた。

網膜剥離によって視野に欠損がある俺には、そういった試合はどう考えても無理だ。視野が欠けた部分からパンチが飛んできたら、当然見えない。だから、格闘技路線への抵抗感は以前よりもさらに強まっていた。

今のプロレスではデビューしたてでもリング上で何らかの役割を与えられ、それを全うすればファンや選手の間でも良しとされる。しかし、当時はまだ「格闘技の延長」という考え方が新日本では重要視されていて、シュートが強いこともトップになるための要素の一つだった。

だから、平成維震軍という場所に環境を変えながらも、俺は相変わらず行き詰まりを感じていた。また、そういった路線に不向きな維震軍自体も行き詰まっていたのだと思う。結局、本隊とは別の軍団とは言っても、会社が打ち出す格闘技路線を軸とした部分は守らなければいけない。ハッキリ言って、当時の新日本は維震軍のようなユニットをやりづらい環境だった。

維震軍のメンバーには、巡業中に辞める意思を伝えた。

「えっ、辞めるの？　お前、いくつ？」

「33歳です」

「33歳で、もう辞めるの？」

誰かは忘れたが、そんな会話を交わしたと記憶している。網膜剥離の話も打ち明けて、「格闘技路線は無理です」と説明すると、みんな納得してくれた。

その頃、新日本の契約更改は年明けの1月に行われていた。俺は退団の意志を伝えるために、長州さんの自宅へ挨拶に行った。

長州さんは「ちょっと飯でも食いに行こうか」と食事に誘ってくれ、そこでいろいろと相談に乗ってくれた。最終的に長州さんが下した判断は、「1年、様子を見ろ」というもの。おそらく俺がまた新日本に戻ってくることを期待してくれていたのだろう。「まあ、頑張れよ」と励ましてくれたのだが、俺の中に戻る意思はなかった。

J・J・ジャックスはファンから受け入れられず、おそらくあの当時のストーリー的なものでギリギリ受け入れられたのが平成維震軍だったのだろう。これ以上、俺がやりたかった海外のプロレスのように作り込んだストーリーを展開していくことは、新日本では無理だと感じていた。

結局、俺は長期欠場という形でプロレスを休むことになる。ありがたかったのは、その間も新日本が給料を出してくれていたことだ。そういった部分で、長州さんは選手にもの凄く気を

平成維震軍
平成維震軍

遣ってくれる人だった。

反面、現場監督になってからの長州さんは選手に対して厳しい人でもあった。巡業で連戦になり、疲れが溜まってくると、誰しも気が緩むことがある。そんな時に雷を落とすのも長州さんの役割だ。

「ダラダラしてんじゃねえぞ、てめえら！」

だが、それは選手のコンディションを気遣ってのことだったと思う。ダラダラしていると集中力が欠けてくるし、怪我もしやすくなる。長州さんはそれを防ぎたかったから、口うるさく選手を叱り飛ばしていたのだろう。だが、俺が網膜剥離を抱えていたことについては常に気遣ってくれた。

そもそも現場監督になる前の長州さんは、「粋でロックスピリッツを感じる兄貴」というイメージだった。今のファンの人たちには想像がつかないかもしれないが、当時の新日本の選手の中ではアメリカナイズされた人だった。

そんな長州さんをはじめとするいろいろな方の理解を得て、俺はしばらくプロレス界から離れることになる。

俺が考える平成維震軍の存在意義

長期欠場に入った俺がまず取り組んだのは、アクターズスクールに通うことだった。以前から興味があった俳優になろうと決めたのだ。

アクターズスクールで演技の勉強をすれば、俳優として何とか食っていけるだろうと思っていたのだが、やはり現実は甘くない。場数を踏む経験はできたものの、俳優業で食っていくことは想像していた以上に大変だった。

結局、俺は欠場から1年後、99年2月にリングに戻る。

前年の年末に、蝶野さんから相談を受けた。その頃、蝶野さんも首の状態が思わしくなく、長期欠場を強いられていた。しかも、まだ首が良くなっていないにも関わらず復帰戦を会社に決められてしまい、逃げ場がないところまで追い詰められていた。そこで俺にタッグパートナーを務めてくれないかと要請してきたのだ。

当時、大人気を博していたｎＷｏジャパンは、蝶野さんが欠場している間に武藤さん中心の体制に変貌した。そして、蝶野さんと武藤さんの間で確執が生じ、蝶野さんがｎＷｏジャパンから半ば追放状態になるというストーリーが展開されていた。

そのため蝶野さんが復帰した場合は、ｎＷｏジャパンを相手にしなければならない。だが、シングルの連戦となると、首の状態を考えれば厳しいものがある。そこでパートナーが必要だったのだ。

「ノガちゃん、俺の首の状態が良くなるまで受け身が必要な時は代わりに取ってくれないか？」

蝶野さんから、そう言われた。俺も俳優の仕事を始めていたのでフル参戦は考えていなかったが、ところどころなら手伝えると思い、復帰することを決意した。

この時、新日本とどういう形態の契約をしたのかは憶えていないが、まだ会社が潤っていた時期だったので、それなりにこちらの要望を受け入れてくれたように思う。

復帰の舞台は、2月5日の札幌中島体育センター。武藤さんとヒロ斎藤さんを相手にハンディキャップマッチを行っていた蝶野さんに加勢に入る。これが後にＴＥＡＭ ２０００という新たなユニットが生まれるきっかけとなった。これらの流れも蝶野さんが考えたもので、この時期の新日本も会社主導ではなく、選手個人個人が考えたストーリーが展開されるのは変わっていなかった。

そして、俺が復帰したシリーズが終わると、平成維震軍も解散した。このムーブメントの発火点の一人である彰俊選手は俺が戻ってくる前に1月をもって新日本を退団しており、平成維震軍は完全に新日本での役割を終えていた。

俺はリングネームを現在のＡＫＩＲＡに変更し、ＴＥＡＭ ２０００の一員として試合に出場するかたわら俳優業も続けていたが、２００4年に新日本を退団する。

以降は武藤さんが社長時代の全日本プロレス、ハッスル、その後には再び新日本に上がり、ＴＡＪＩＲＩ選手が立ち上げたＳＭＡＳＨ、ＷＮＣ、武藤さんが旗揚げしたＷＲＥＳＴＬＥ—1とリングを度々変えながら今でもプロレスを続けている。

振り返ってみると、新日本時代は常に悩んでいた。そして、自分の可能性を探っている中で平成維震軍に誘われ、一つの光明が見えたことは事実だ。

だが、全てが楽しい思い出だったかというと、そうでもない。やはり維震軍時代も必死にもがいていたし、それは今でも続いている。

近年、平成維震軍は武藤さんが主宰する『プロレスリング・マスターズ』を中心に、年に数回集まって試合をしている。解散してもう20年以上経つのに、これほど需要のあるユニットも珍しい。

格闘技志向が強かった90年代の新日本で、平成維震軍のようなユニットが7年間も続いたことは奇跡的なことだったかもしれない。その歴史はプロレスvs空手の異種格闘技戦から始まったが、それはきっかけでしかなく、進退を懸けながら、プロレスならではの、プロレスでしかできないことに全身全霊で向かい合ったユニットが平成維震軍だったと思う。

現在の日本のマット界を見渡すと、俺が違和感を覚えていた格闘技路線は時代の流れの中で、ほぼ姿を消してしまった。だが、それとはある意味で真逆に位置していた平成維震軍は今もこうして生き残っている。

永遠に正解が見つからないであろうプロレスという難解な世界において、俺はそこに一つの「答え」があるように思えてならない。

G SPIRITS BOOK Vol.10

平成維震軍
「覇」道に生きた男たち

2020年1月25日　初版第1刷発行

著　　者　越中詩郎／小林邦昭／木村健悟
　　　　　ザ・グレート・カブキ／青柳政司
　　　　　齋藤彰俊／AKIRA
編 集 人　佐々木賢之
発 行 人　廣瀬和二
発 行 所　辰巳出版株式会社
　　　　　〒160-0022
　　　　　東京都新宿区新宿2-15-14辰巳ビル
　　　　　TEL 03-5360-8064(販売部)
　　　　　TEL 03-5360-8977(編集部)
印刷・製本　大日本印刷株式会社
編　　集　小松伸太郎
編集協力　金沢克彦、小佐野景浩、堀江ガンツ、鈴木佑、佐藤篤
デザイン　金井久幸[TwoThree]
写　　真　山内猛、平工幸雄

Printed in Japan
ISBN 978-4-7778-2433-5